FLORIAN MERKEL

FLORIAN MERKEL

Zeichnungen / Wandbilder

2001 – 2004

Verlag für moderne Kunst Nürnberg

Dank an die Druckerei Conrad GmbH für das großzügige Sponsoring des Katalogs,
insbesondere an Matthias Fuhrmann.

Florian Merkel
August 2004

Hundeläufer
Florian Merkel

Ich laufe den Weg wie jeden Tag und trage die neugeborenen Hunde aus, denn das ist meine Arbeit, damit verdiene ich mein Leben und es gefällt mir auch in gewisser Weise. Sie müssen wissen, hier in dieser Gegend werden viele Hunde geboren. Deren Versorgung ist alles andere als gesichert und mir obliegt die nötige Umverteilung. Das ist wichtig. Ohne meine Arbeit gäbe es Streit. Sich selbst reproduzierende Probleme mit unabsehbaren Folgen würden aus ihren unzweifelhaft vorhandenen Ansätzen heraus eskalieren.

Denken Sie nicht, diese Arbeit sei dröge. Es braucht viel Phantasie, die jungen Hunde jeden Tag neu unterzubringen. So manchen nahm ich mit nach Haus und verpflegte ihn auf meine Kosten, um ihn zwei Tage später in gute Hände geben zu können. Ich bekomme keine zusätzliche Vergütung dafür; das gehört nicht zu meiner Arbeitsplatzbeschreibung. Es ist ein Luxus, den ich mir leiste, ein Zuckerstreusel auf meine alltägliche Beschäftigung.

Der Weg, den ich zurücklege, ist ziemlich festgelegt. Nicht vorgeschrieben, aber er ergibt sich aus den Standards: Jeden zweiten Tag ein neues Wesen im roten Backsteinhaus; gleich daneben, in den Häusern am Flutgraben, unregelmäßiger reichlicher Nachwuchs. Ein paar beliebte Stellen gibt es noch, aber da gehe ich nur hin, wenn ich vorher angerufen wurde. Dort mag man mich nicht, obwohl das keiner zugeben will.

Die Zielgruppen für die Abgabe sind nicht so leicht auszumachen, und da fängt die eigentliche Arbeit an. Bisher habe ich noch fast jeden Hund untergebracht und darauf kann ich mir was einbilden. Einer krepierte mir unter den Fingern, der andere wurde vom Empfänger erpocht, doch das sind Ausnahmen.

Manchmal, vielleicht kennen Sie das auch, gebe ich der Versuchung nach und trinke unterwegs in einem der vielen neuen Läden einen kleinen Kaffee oder einen dieser sündhaft teuren Liköre. Das hält wirklich kaum auf und ich bin danach viel besser für meine Aufgabe motiviert. Problematisch ist es, mit der vollen Ladung eingelassen zu werden. Inzwischen kenne ich die Tricks und lasse mich nicht mehr abwimmeln.

Auf meiner Arbeitsroute treffe ich eine Menge Leute. Die meisten vergesse ich natürlich, einige haben sich mir aber eingeprägt. Manche sind nur auffällig, wie der Schwarze mit den violetten Haaren, andere gewinnen durch die Umstände der Begegnungen eine besondere Bedeutung. Am Anfang war mir die Frau mit der hohen Frisur ganz wichtig, obwohl sie mich bestimmt nicht wahrnahm, denn begegnete ich ihr unter der Brücke, wusste ich, dass ich noch gut in der Zeit lag, mich zum Rapport nicht zu verspäten. Wartete sie schon weiter vorn auf den Bus, musste ich rennen.

Früher machte ich regelmäßig einen kleinen Umweg um die Brauerei, um vielleicht Pat zu sehen, jemand den ich mag, obwohl, Umweg kann man das nicht nennen, denn dort konnte es auch junge Hunde geben, die meiner bedurften. Es war mehr ein Sport oder ein Spiel mit der Wahrscheinlichkeit. Pat ahnte das natürlich nicht, kannte nicht einmal meinen Beruf, obwohl die Viecher eigentlich deutlich genug waren. Was soll ich sagen, ich mag den Menschen einfach und in den letzten Jahren habe ich Pat tatsächlich ein paarmal auf der Strecke getroffen und das auch genossen.

Schach ist eine feine Sache. Es stärkt die Nerven und hält wach; man kann das Spiel in Geselligkeit betreiben und hat dabei ein gemeinsames Thema. Wir sind ein kleiner Verein, der sich diesem uralten Sport verschrieben hat; wie wir uns kennengelernt haben, weiß ich gar nicht mehr, wohl noch in der Schule. Wir treffen uns jeden Mittwoch und manchmal fechten wir Turniere mit anderen Clubs aus, das macht Laune. Neuerdings, und das ist das Tolle, kommt Pat in unseren Verein. Vielleicht ist Pat durch eine Anzeige oder den Stadtbezirkskulturführer darauf gekommen? Egal, wir sehen uns jetzt etwas häufiger und ich bin doch ein bißchen froh darüber. Neulich saßen wir sogar nebeneinander zum Nachtmahl und ich goss Pat scharfes Öl über den Salat, was noch für viel Gesprächsstoff sorgen sollte. Einmal erkannten wir uns im Bus und verpassten über das Quatschen unsere Haltestelle vor dem Club.

Aber diese Zeit wird bald vorbei sein. Vielleicht habe ich zuviel von meiner Arbeit erzählt? Nein, so sollte man das nicht sehen; eigentlich ist es ja schön: Pat hat jetzt eine echte Aufgabe und wird bald weit weg sein, um sich in Weißrußland um junge Hunde zu kümmern (wirklich!), die, mit neuen Papieren versehen, über die Grenzen gefahren werden müssen. Das ist nicht ungefährlich und ganz legal soll es dabei nicht zugehen, aber Pat wollte schon immer Abenteuer mit Verantwortung verbinden, fühlte in dieser Beziehung Defizite und ist deshalb, denke ich, in der neuen Situation ganz glücklich.

Heute sah ich Pats Bild unter den Ausgezeichneten in der Zeitung und war schon mächtig stolz.

Dog Walker

Florian Merkel / Translated by Brian Currid

I walk the route every day and distribute the newborn dogs, because that's my job, that's how I earn my living, and I like it in a way. You have to realize that there are a lot of dogs born around here. It's anything but a sure thing that they'll be taken care of, and I'm responsible for the necessary redistribution. That's important. If I didn't do this job, there'd be disagreements. Self-reproducing problems with unforeseeable consequences would develop and escalate for reasons that are unquestionably present.

Don't think this job is boring. It requires a lot of fantasy to find homes each day for the young dogs Occasionally, I've taken a dog home at my own cost, then two days later I was able to place it in good hands. I don't receive any supplementary income for this: it's not part of my job description. It's a luxury I afford myself: a sweet topping on my everyday occupation.

The route I take is quite fixed. It's not prescribed, but just results from stopping off at all the standard locations: every second day there's a new creature in the red brick building; just next door, in the buildings bordering on the flood channel, an irregular, more numerous population of new blood. There are a few other popular places, but I only go there if called beforehand. I'm not well liked there, although no one wants to admit it.

It's not so easy to make out the target groups for the handover; that's where the real work begins. Up until now, I've found a place for almost every dog, and I can be a little proud of that. One died on me, another was beaten to death by the recipient, but those are the exceptions.

Sometimes, maybe you're familiar with this too, I give in to the temptation and I drink a little coffee or one of those sinfully expensive liqueurs in one of the many new places along the way. That barely holds me up at all, and afterwards I'm much more motivated for my task. It gets problematic when I try to be allowed in with a full group. In the meantime I've gotten to know the tricks, and don't let myself be dismissed so easily.

On my work route, I come across a whole slew of people. Most of them I forget, of course, some have stuck in my mind. Some just stand out, like the black man with the violet hair, others take on a special meaning due to the situation of the encounter. At the beginning, the woman with the big hair was really important, although she certainly didn't take notice of me, for I encountered her under the bridge, I knew that I was still making good time and wouldn't be reporting back late. If she was already waiting further ahead for the bus, then I had to run.

Earlier, I used to take a regular detour around the brewery, maybe to see Pat, someone I like, although, you can't really call that a detour, since there could be any number of young dogs there that would need me. It was more a sport or a game of probability. Pat didn't notice that, of course, although the creatures were really obvious enough. What should I say? I simply like Pat as a person, and our chance encounters on the street in recent years have been very pleasant.

Chess is a fine thing. It strengthens your nerves and keeps you on your toes: you can play the game in company and have something to talk about. We're a small club dedicated to this ancient sport, I have no idea now how we got to know one another, probably from school. We meet every Wednesday and sometimes we hold also chess matches with other clubs, we have a great time. Lately, and that's the great thing, Pat is coming to our meetings. Maybe Pat only came onto the idea through an ad or the city district guide? Regardless, we see each other now more often, and I'm a little happy about that. Just recently, we even sat together to dinner, and I poured some hot and spicy oil onto Pat's salad, which still gave cause for conversation. Once we recognized each other on the bus, and because of our talking we missed the stop before the club.

But this phase will soon be over. Maybe I've talked a bit too much about my work? No, you shouldn't see it that way; it's actually nice. Pat has a new job, and will soon be far away, taking care of young dogs in Byelorussia (really!) that after being issued new papers need to be driven across the border. That's not entirely without danger or entirely legal, but that's not the issue. After always wanting an adventure with responsibility, and feeling something lacking, Pat is, I think, quite happy in the new situation.

Today I saw Pat's picture under the names of those awarded in the newspaper, and I was quite proud indeed.

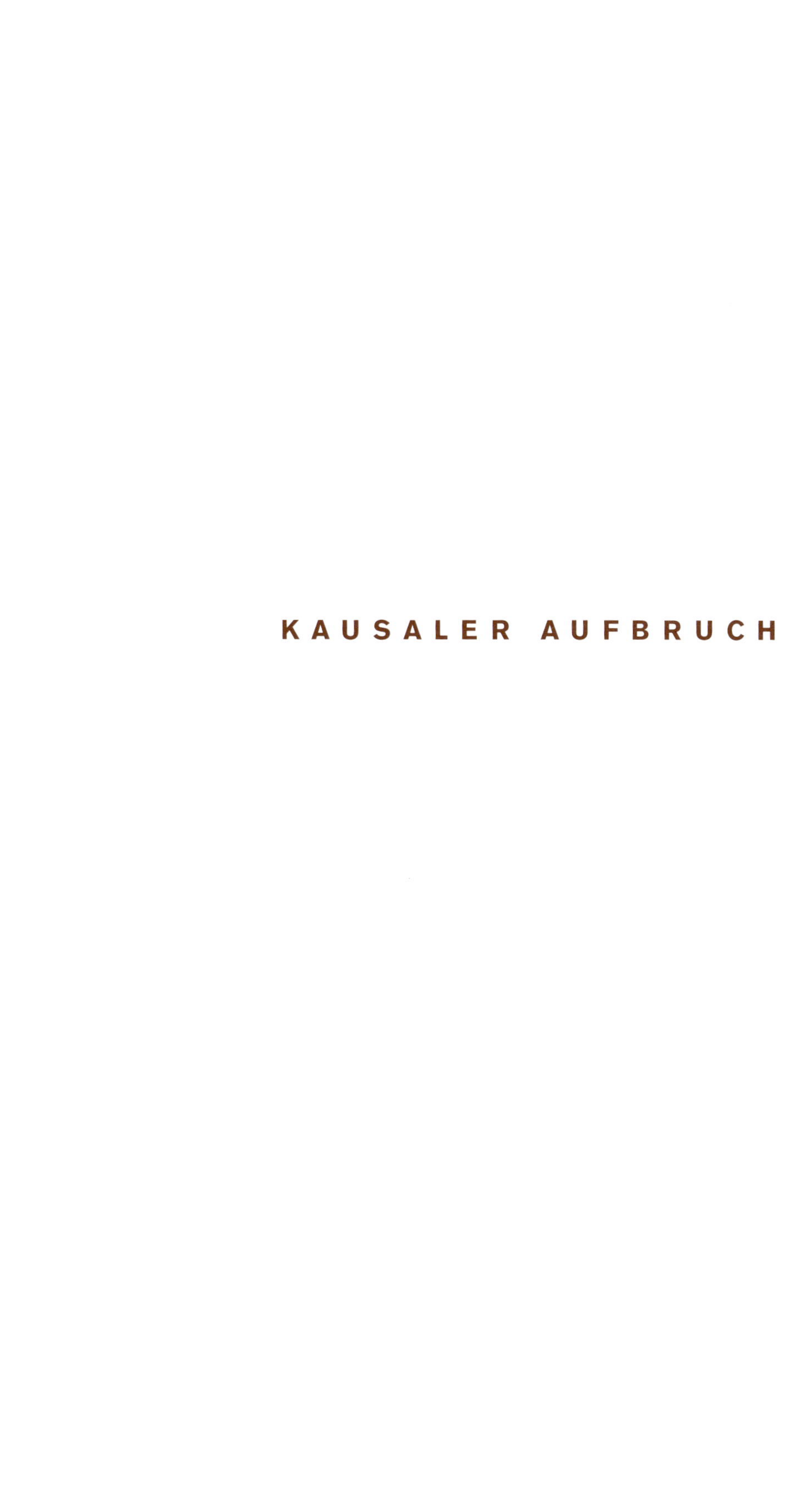
KAUSALER AUFBRUCH

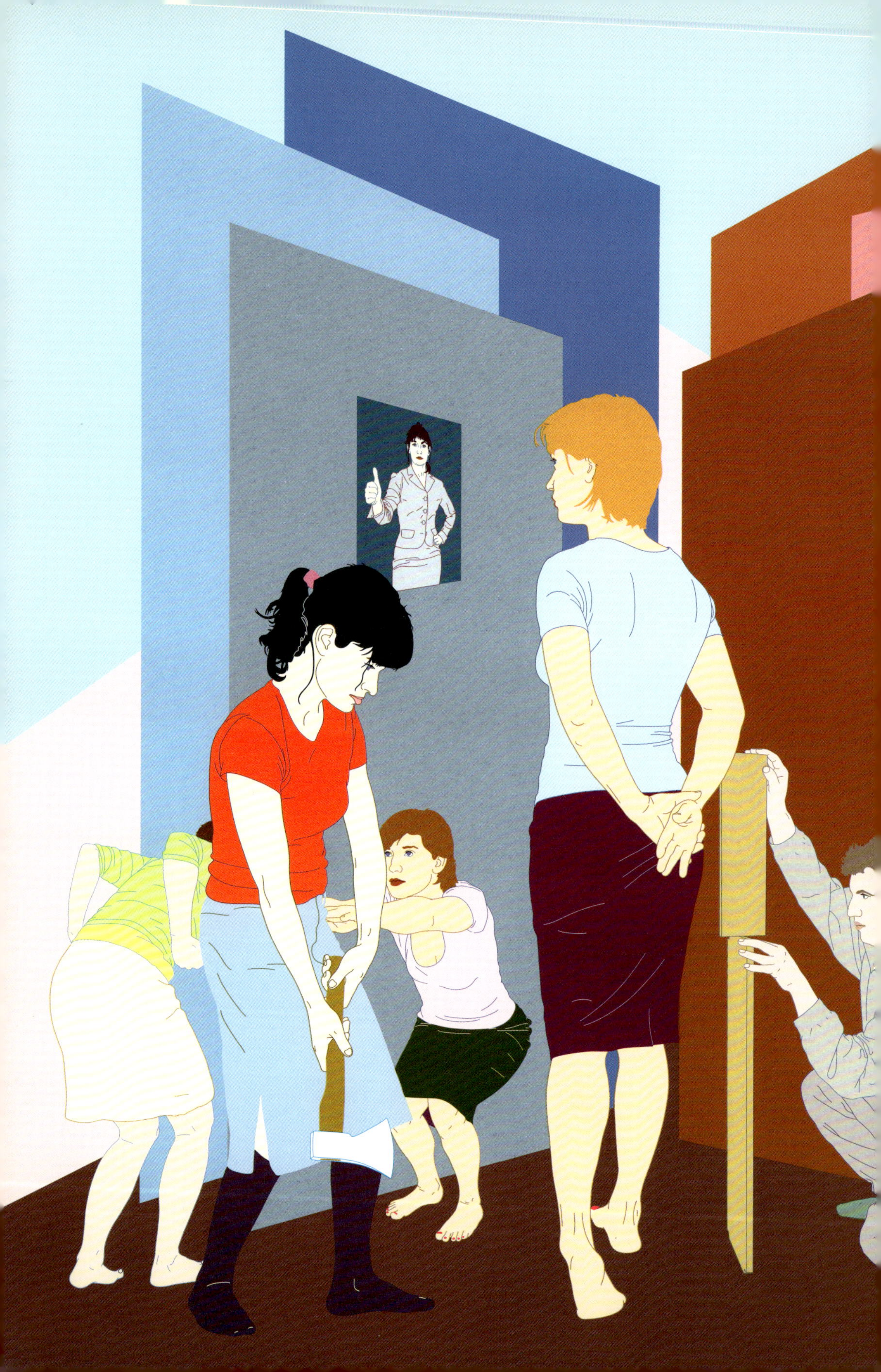

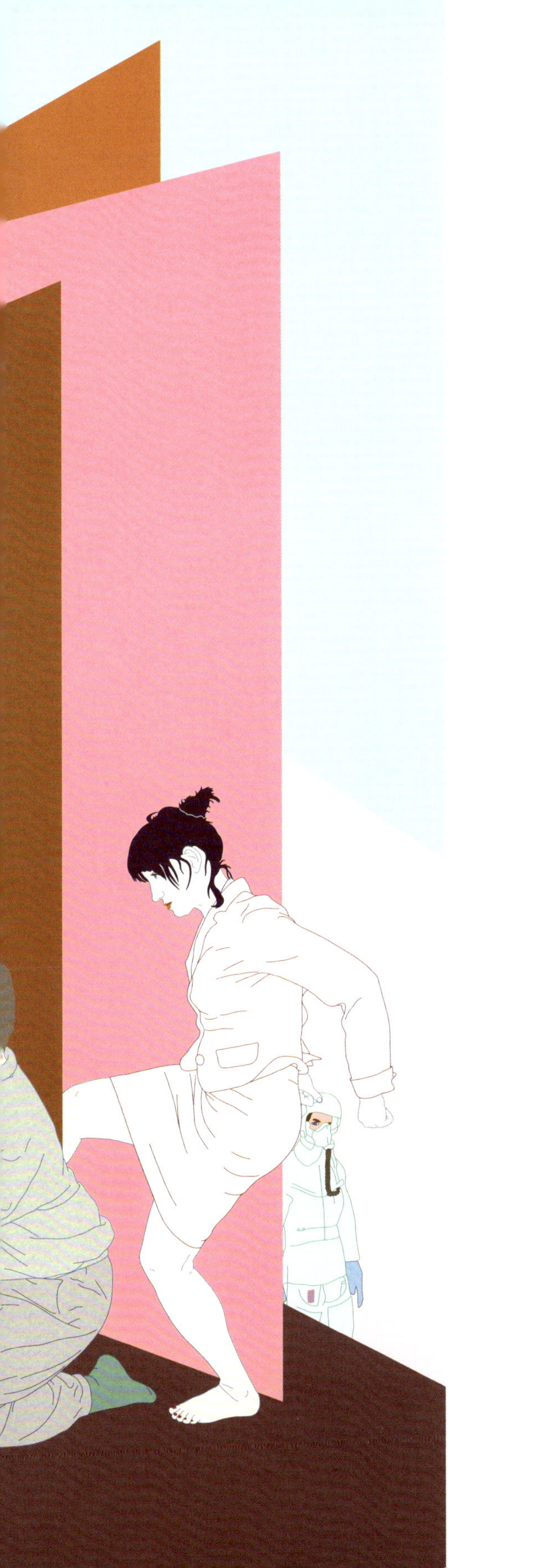

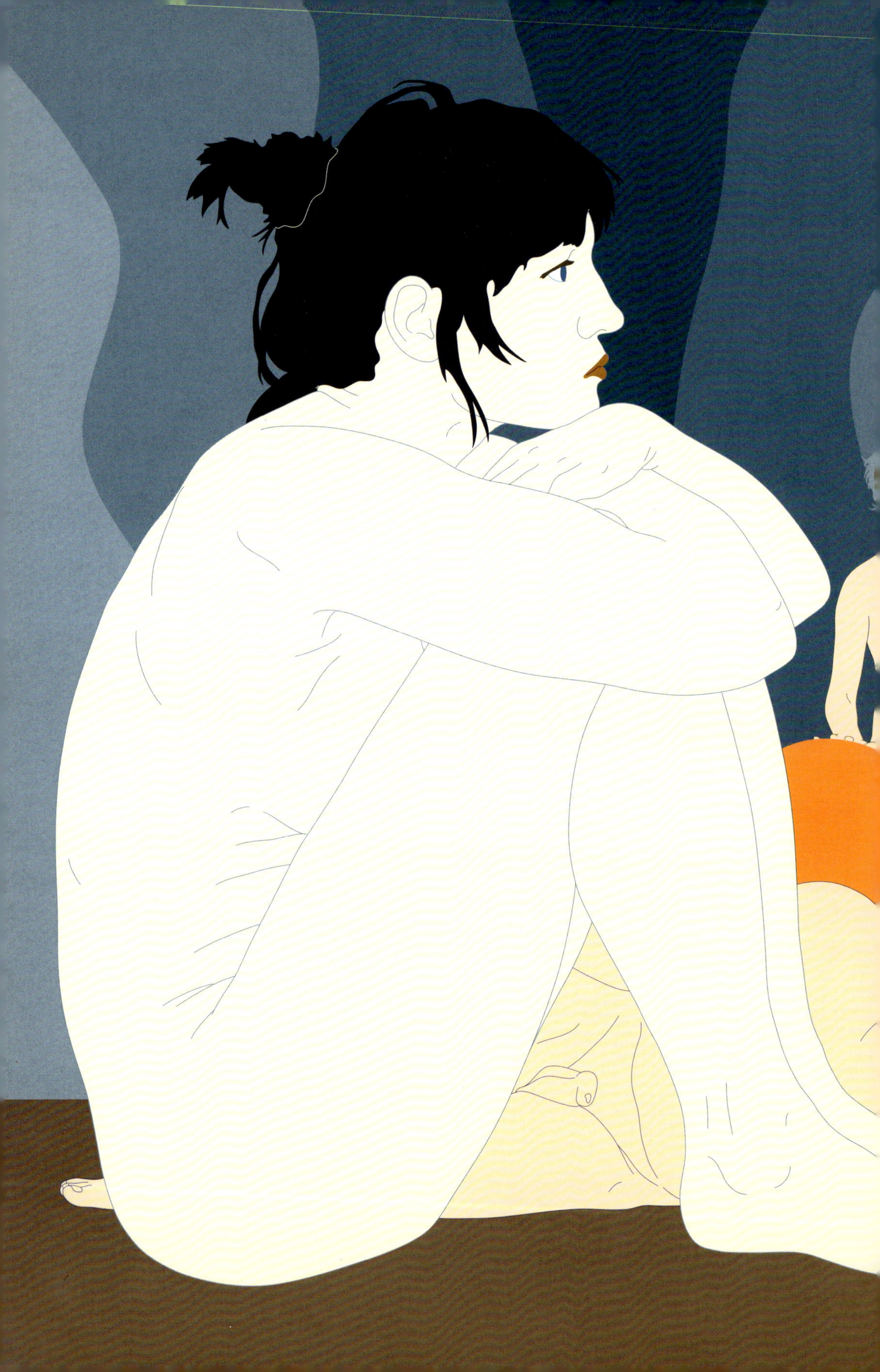

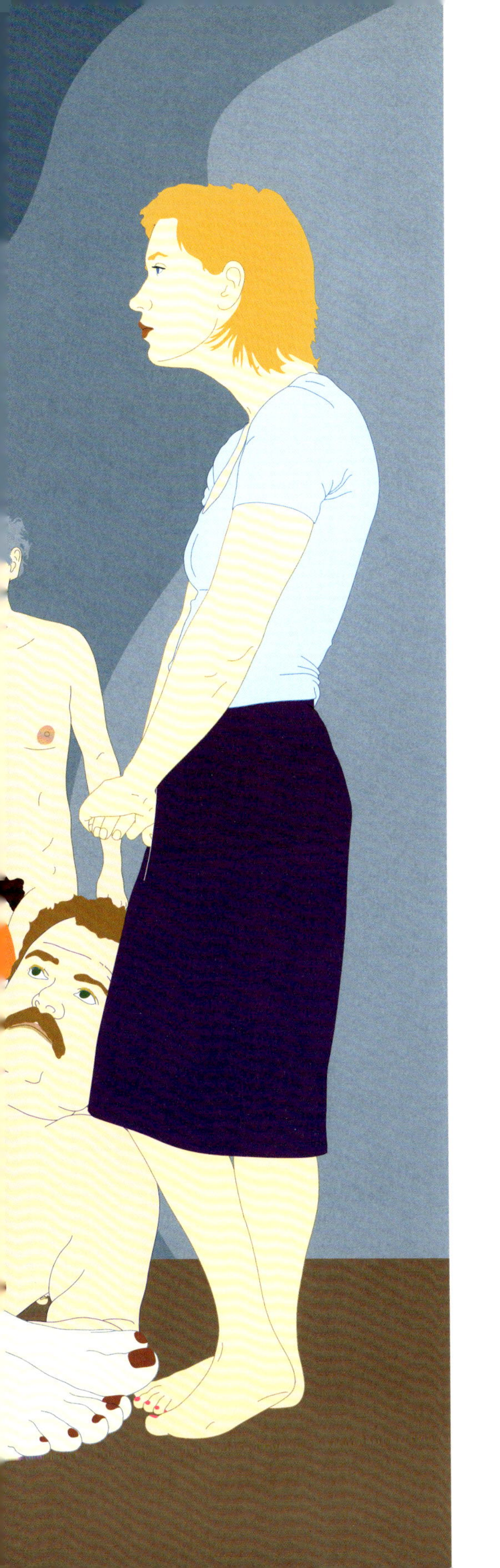

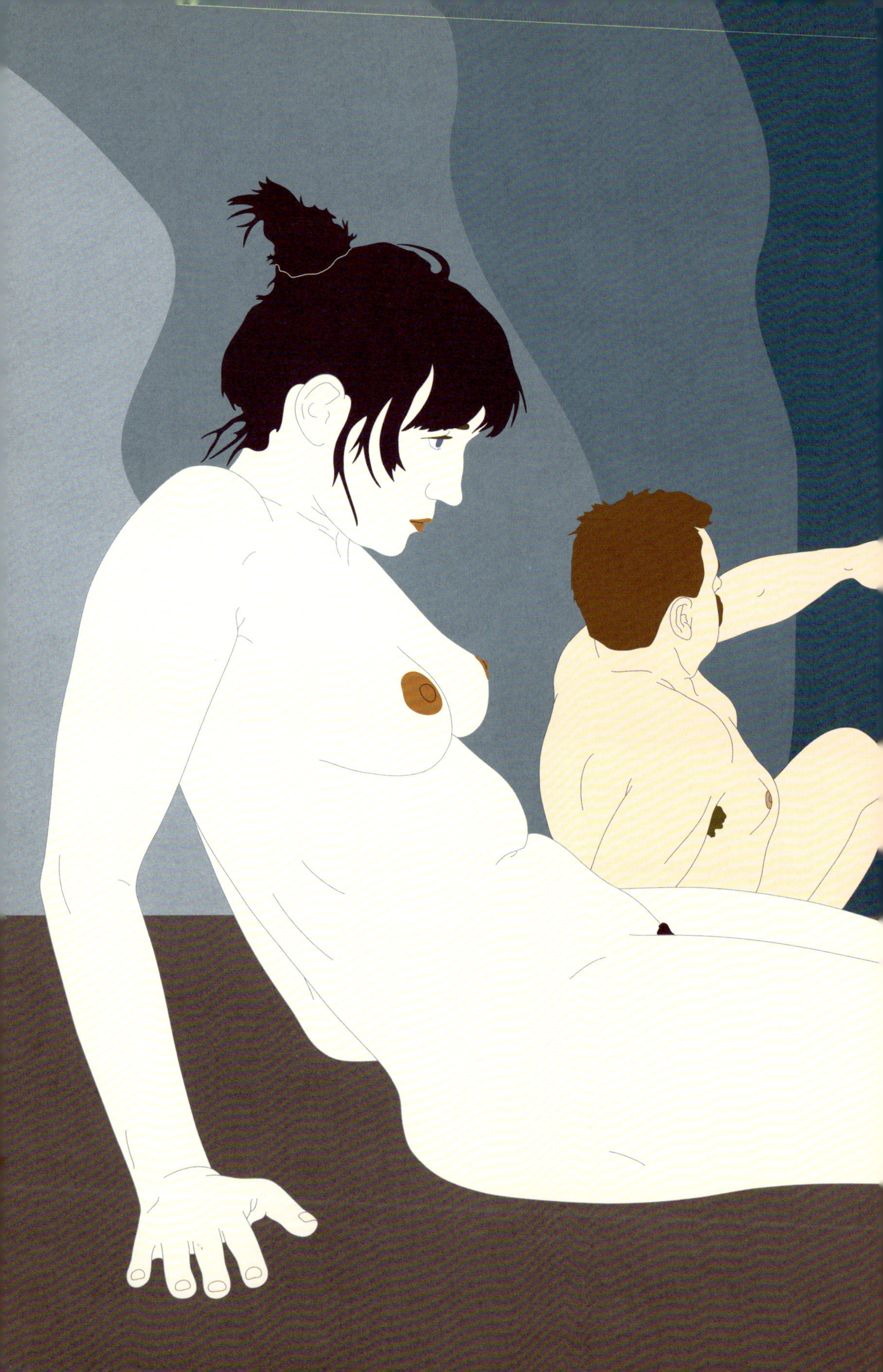

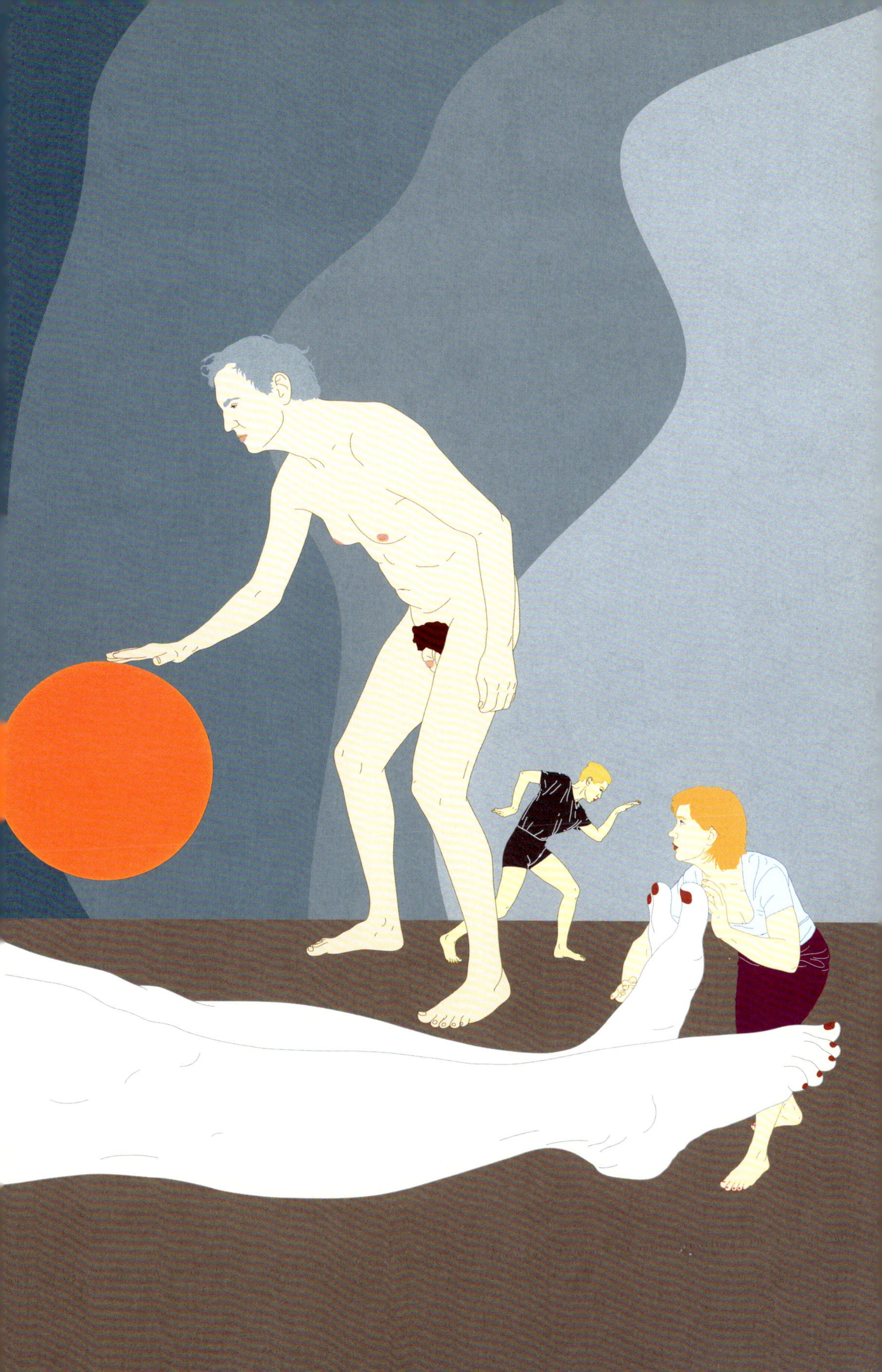

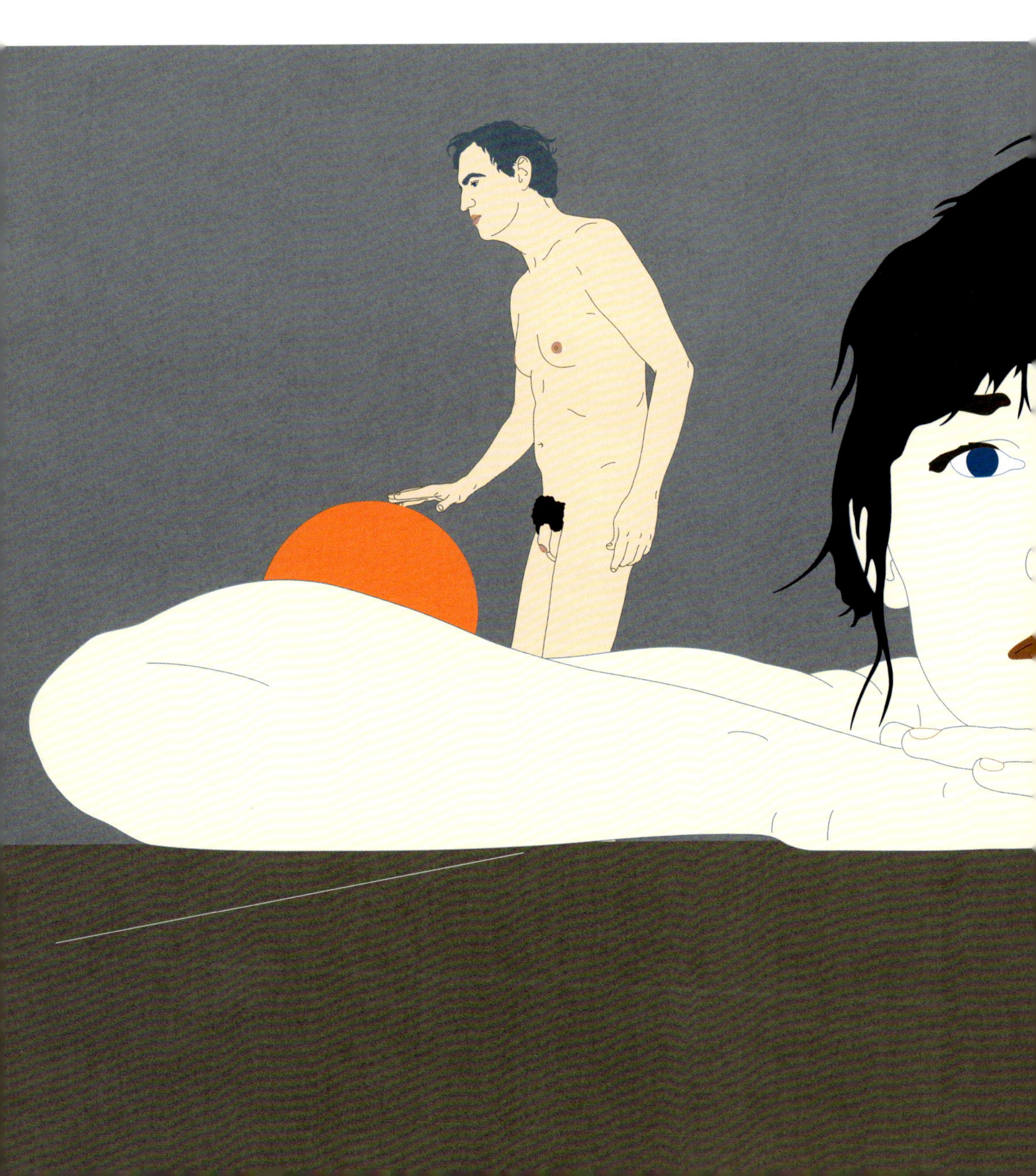

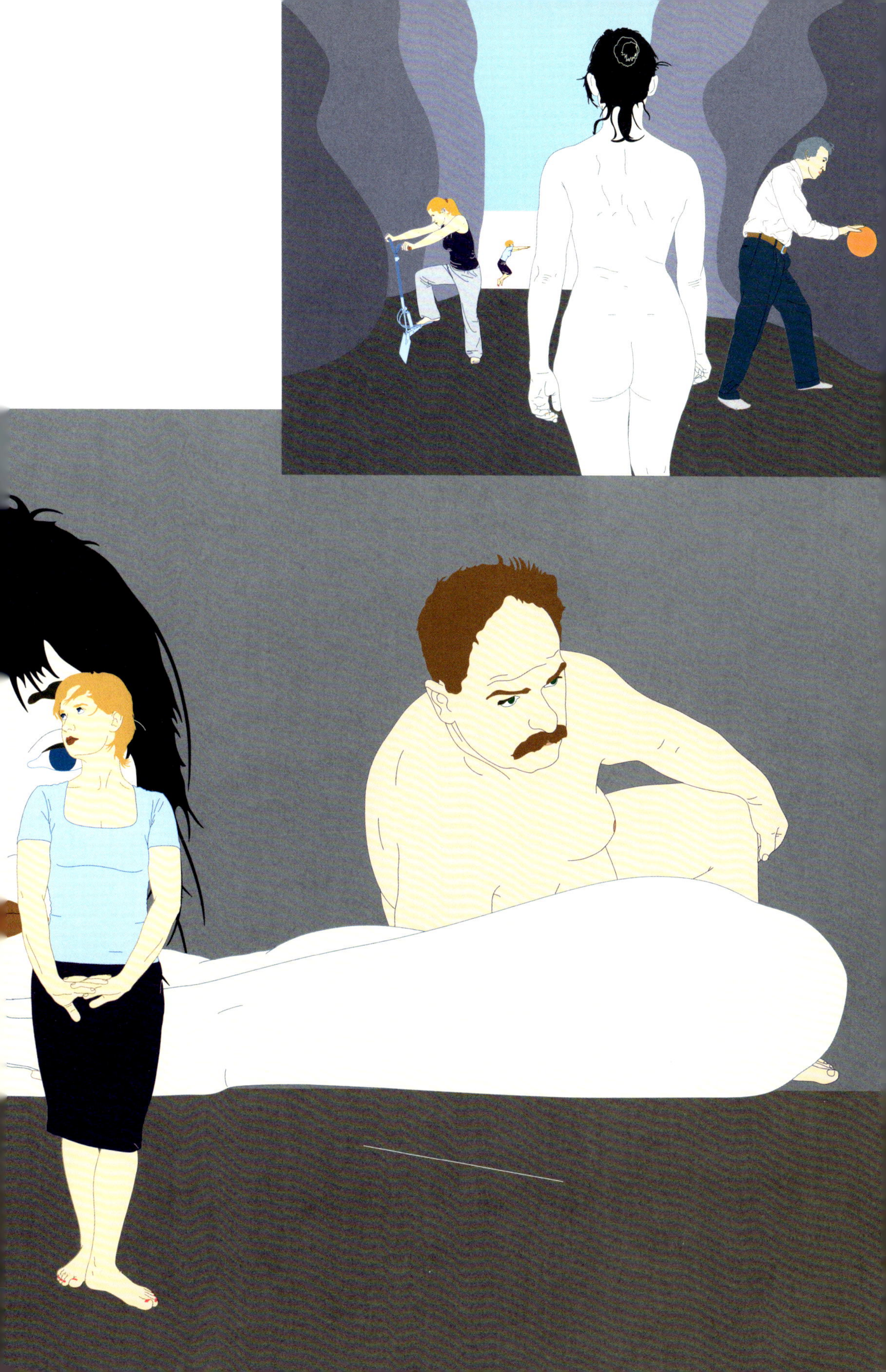

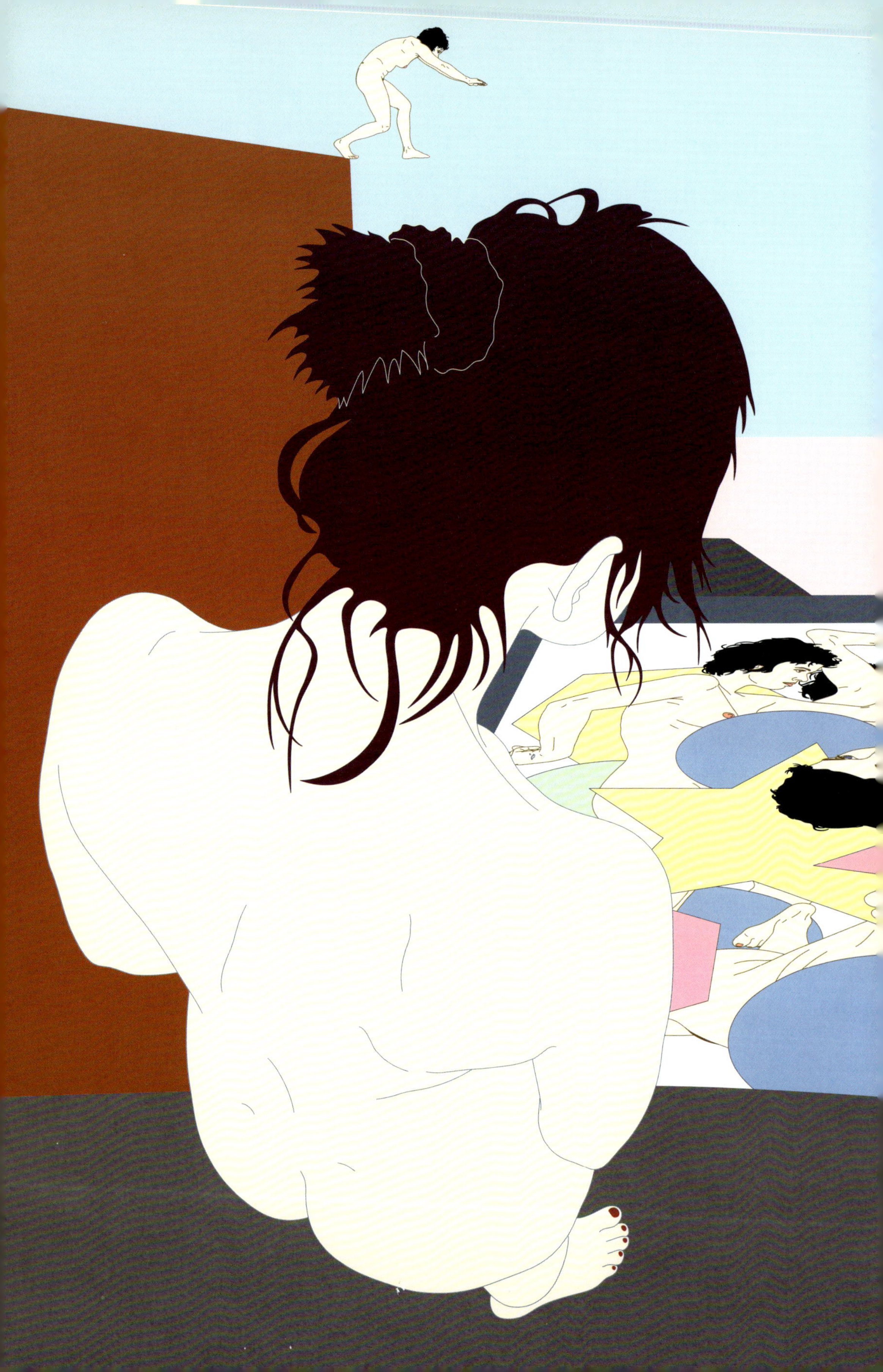

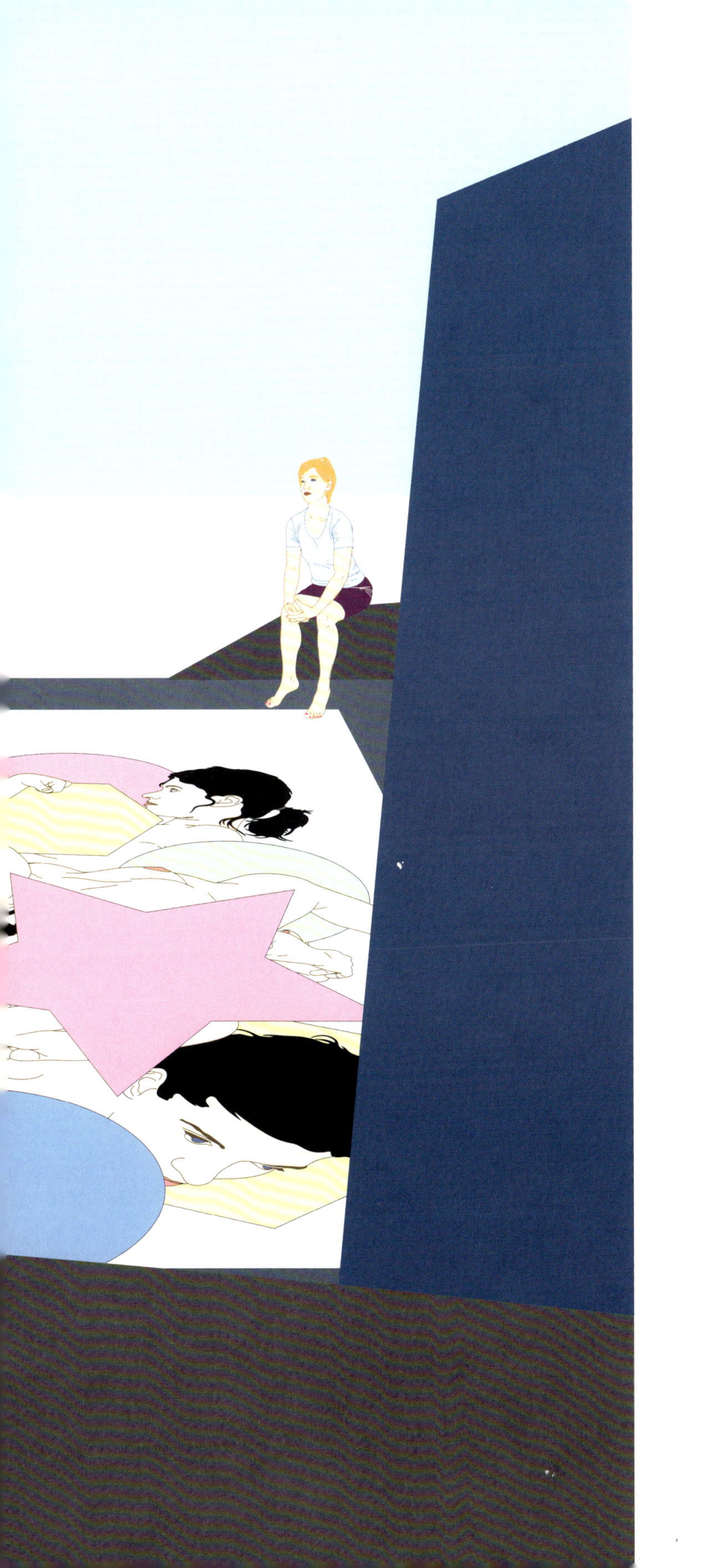

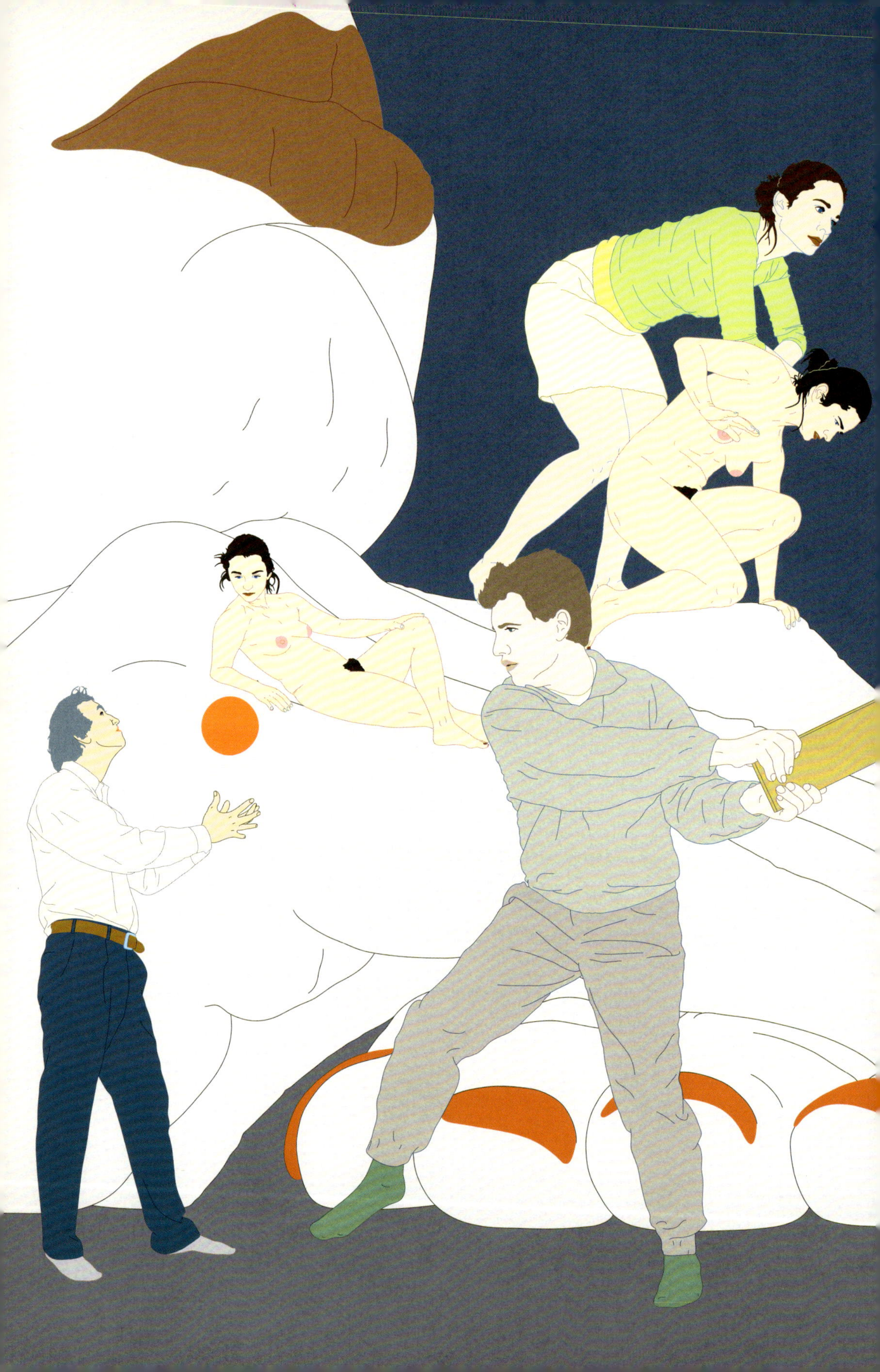

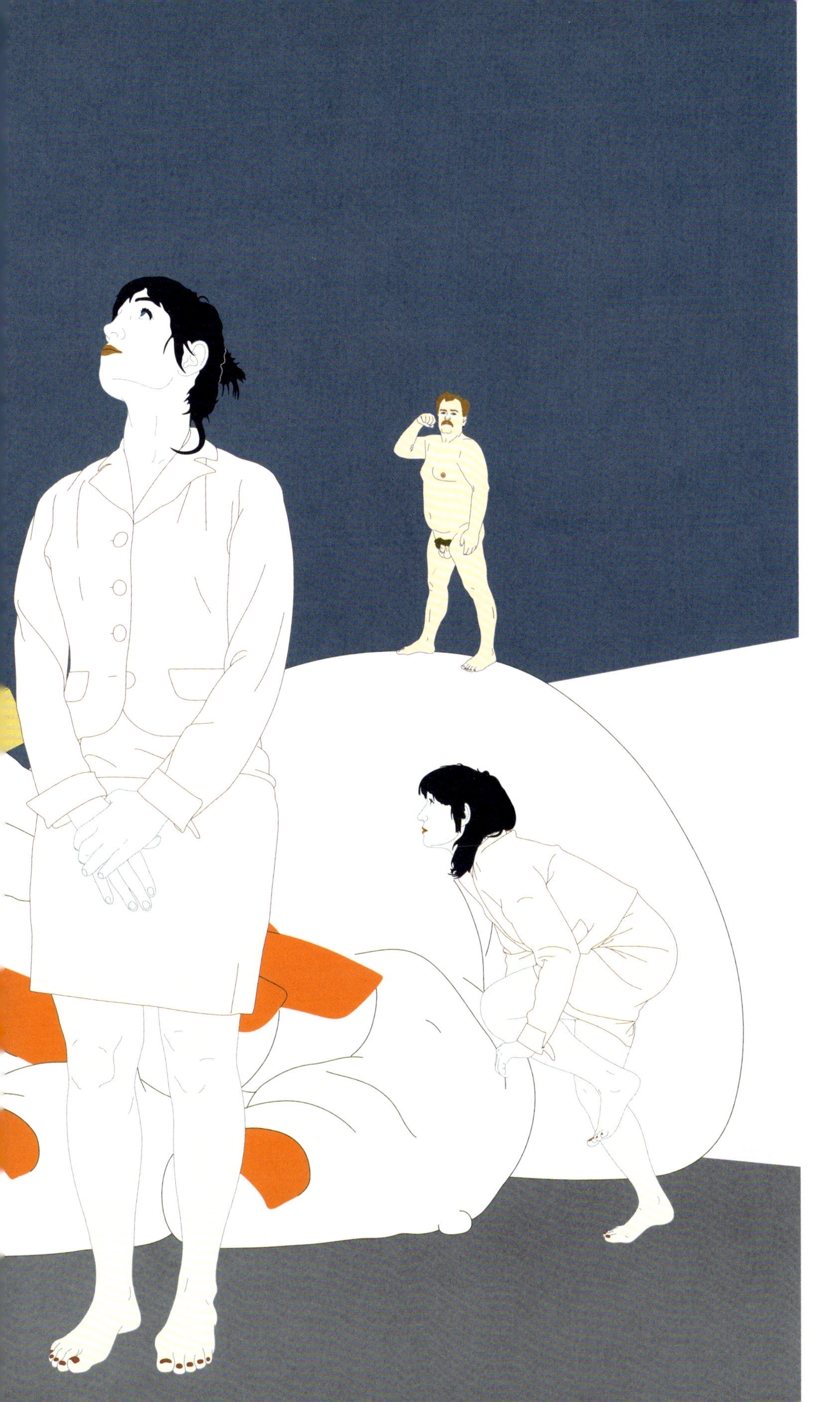

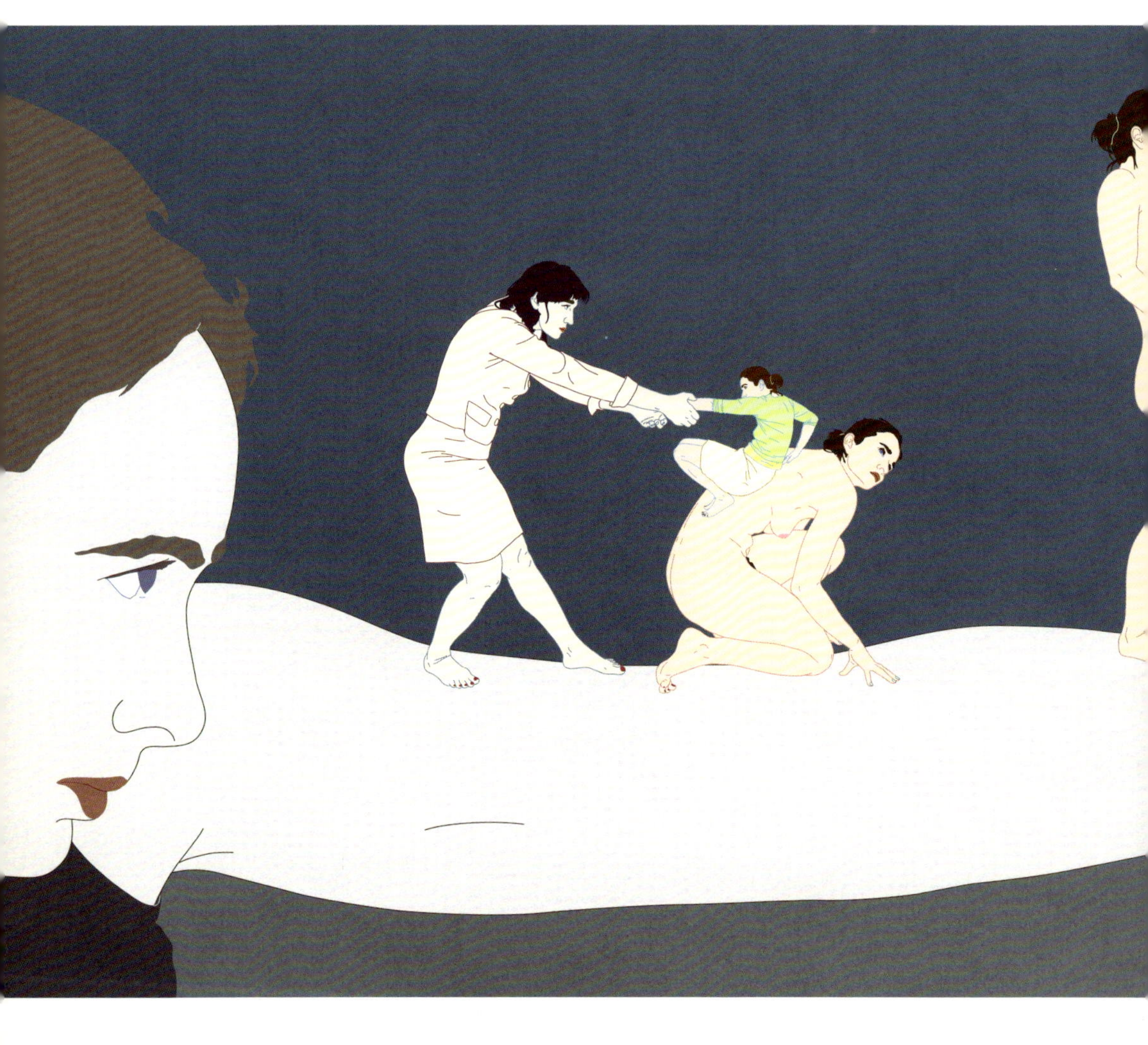

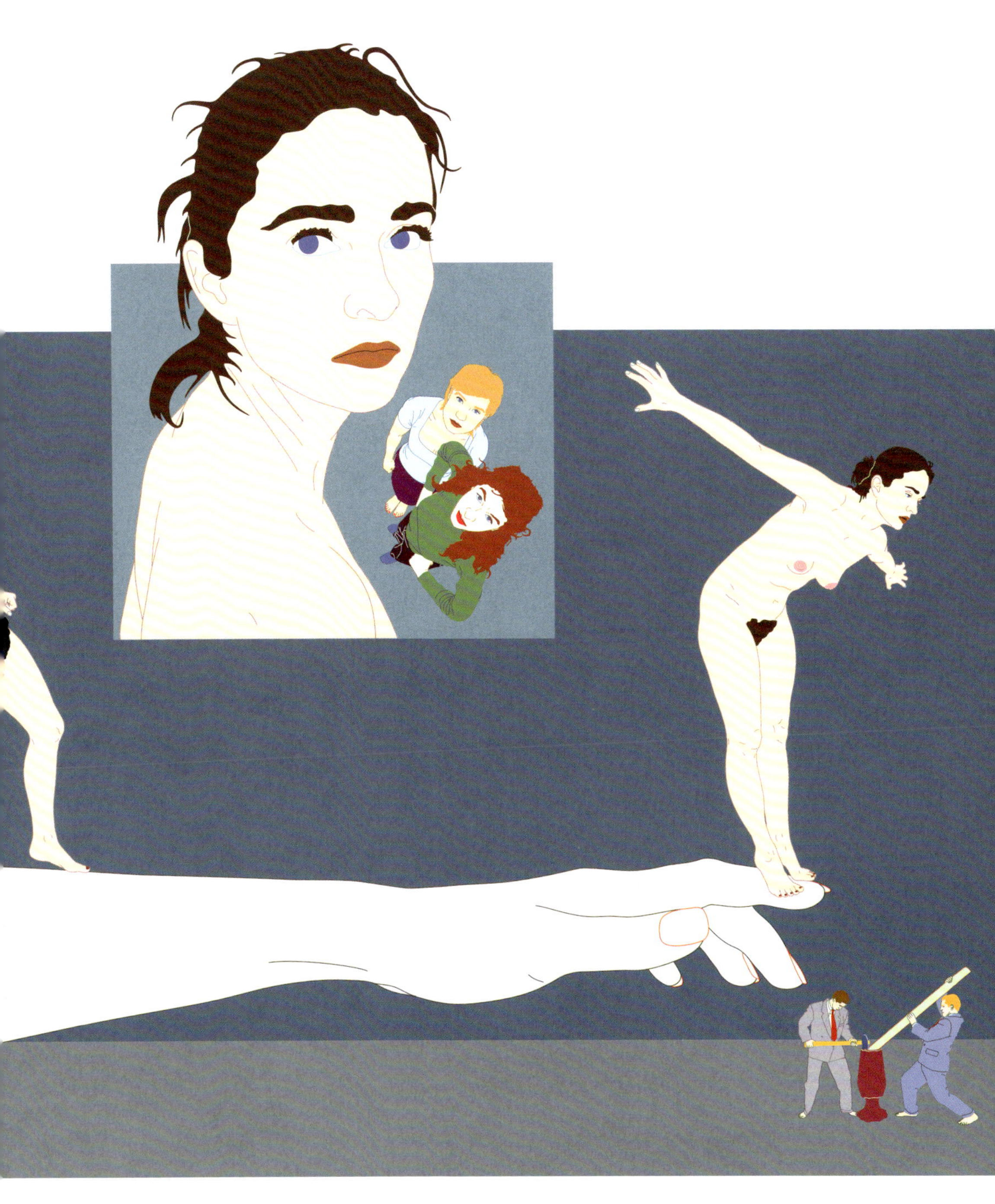

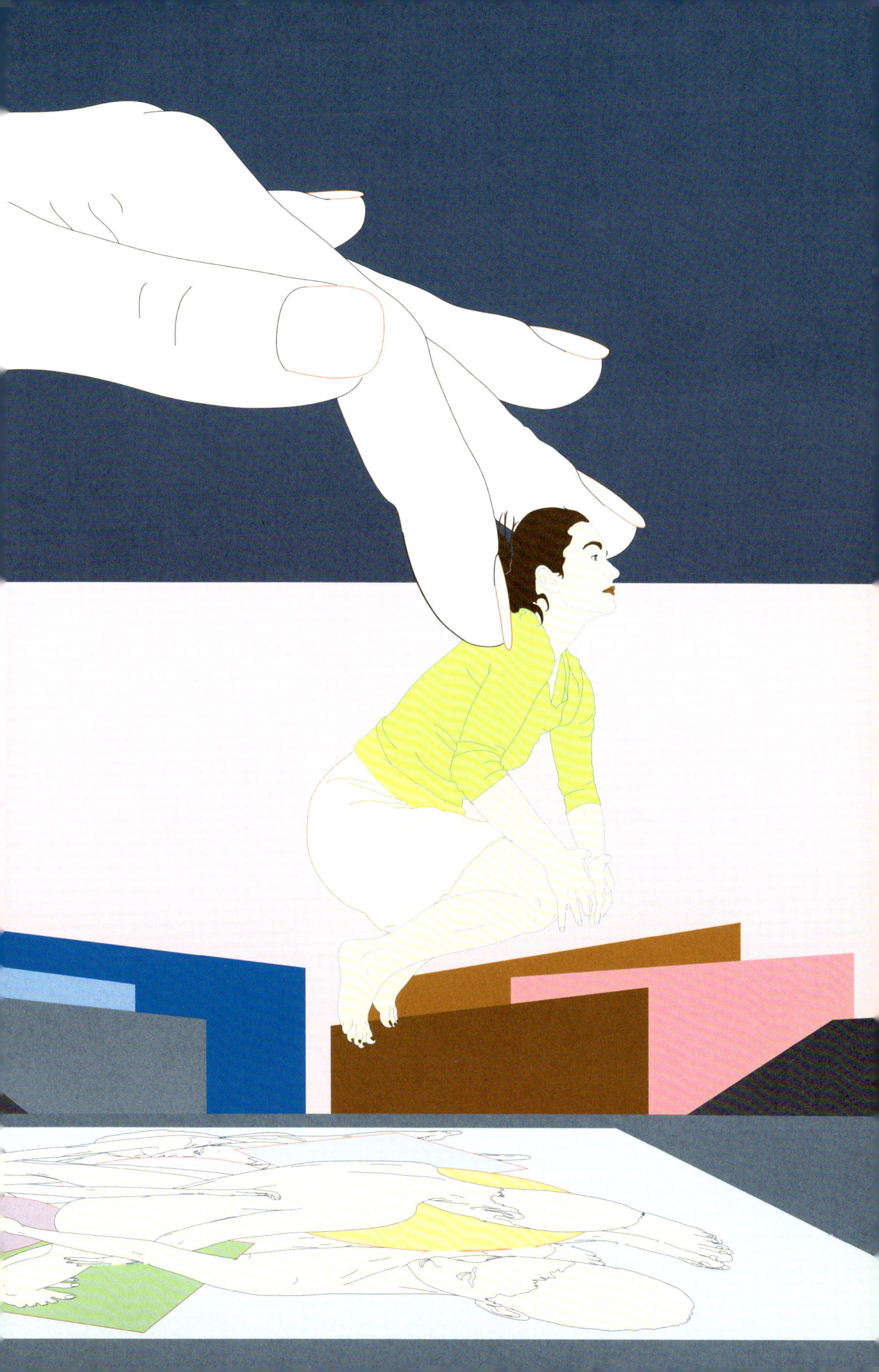

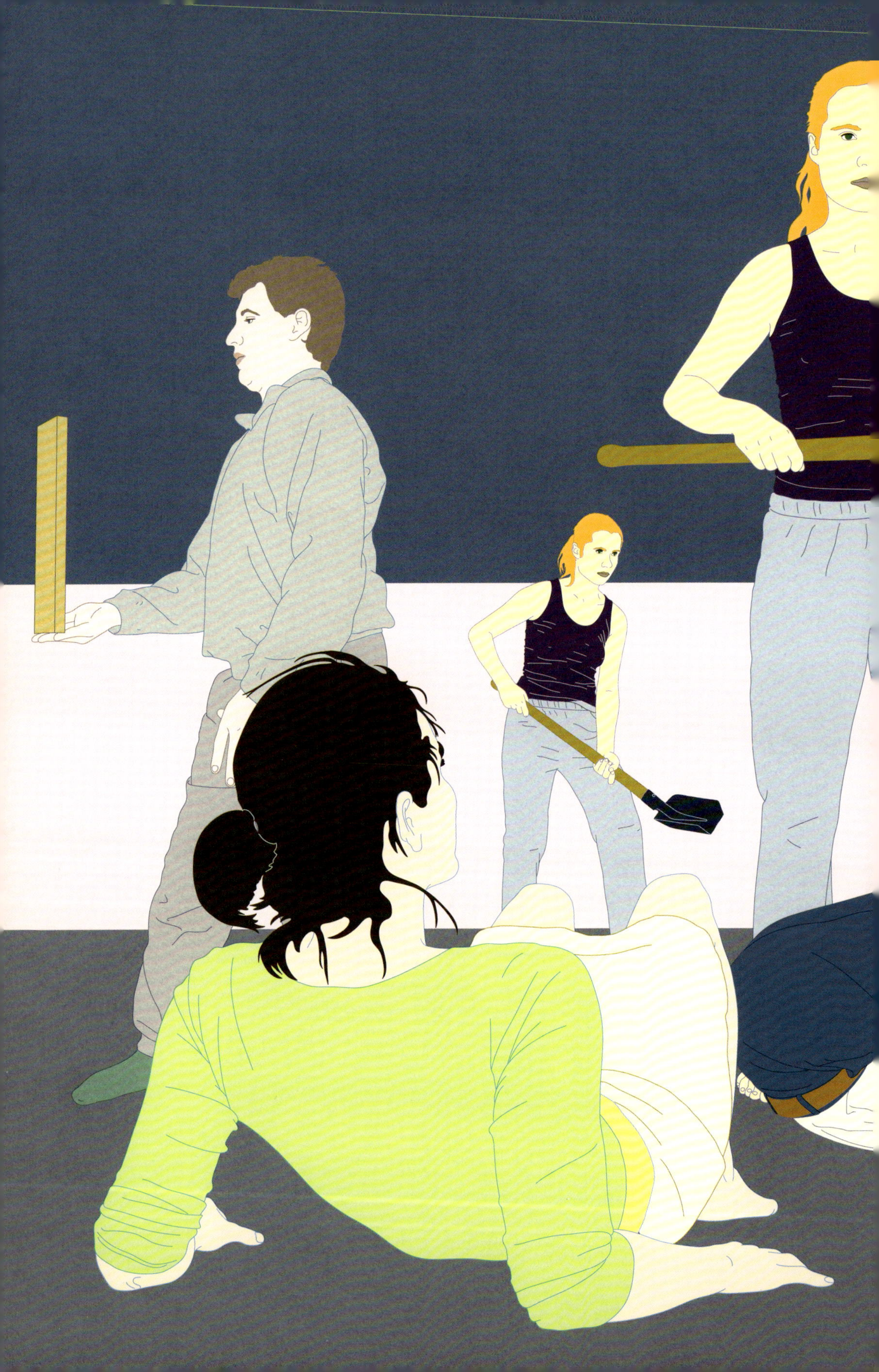

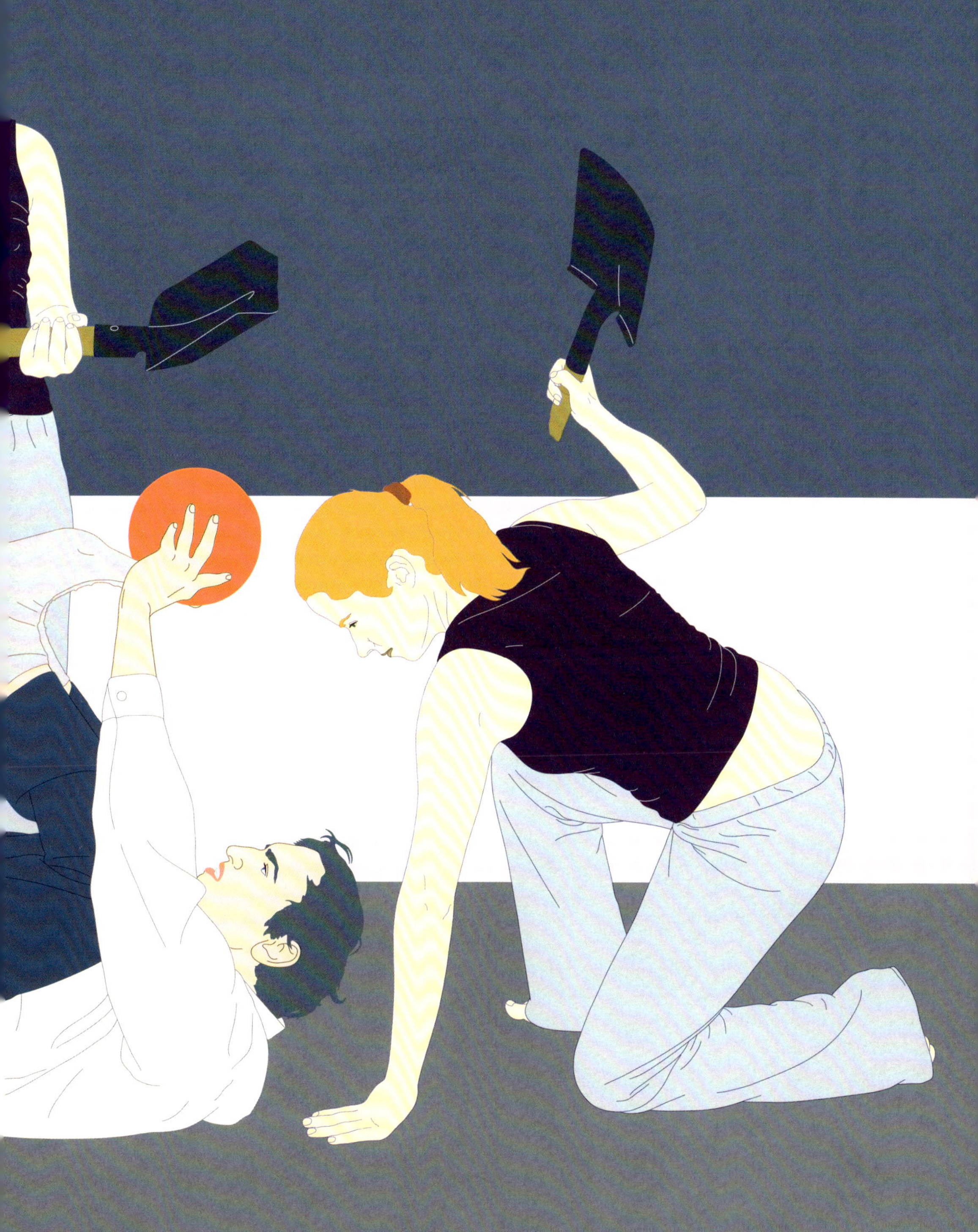

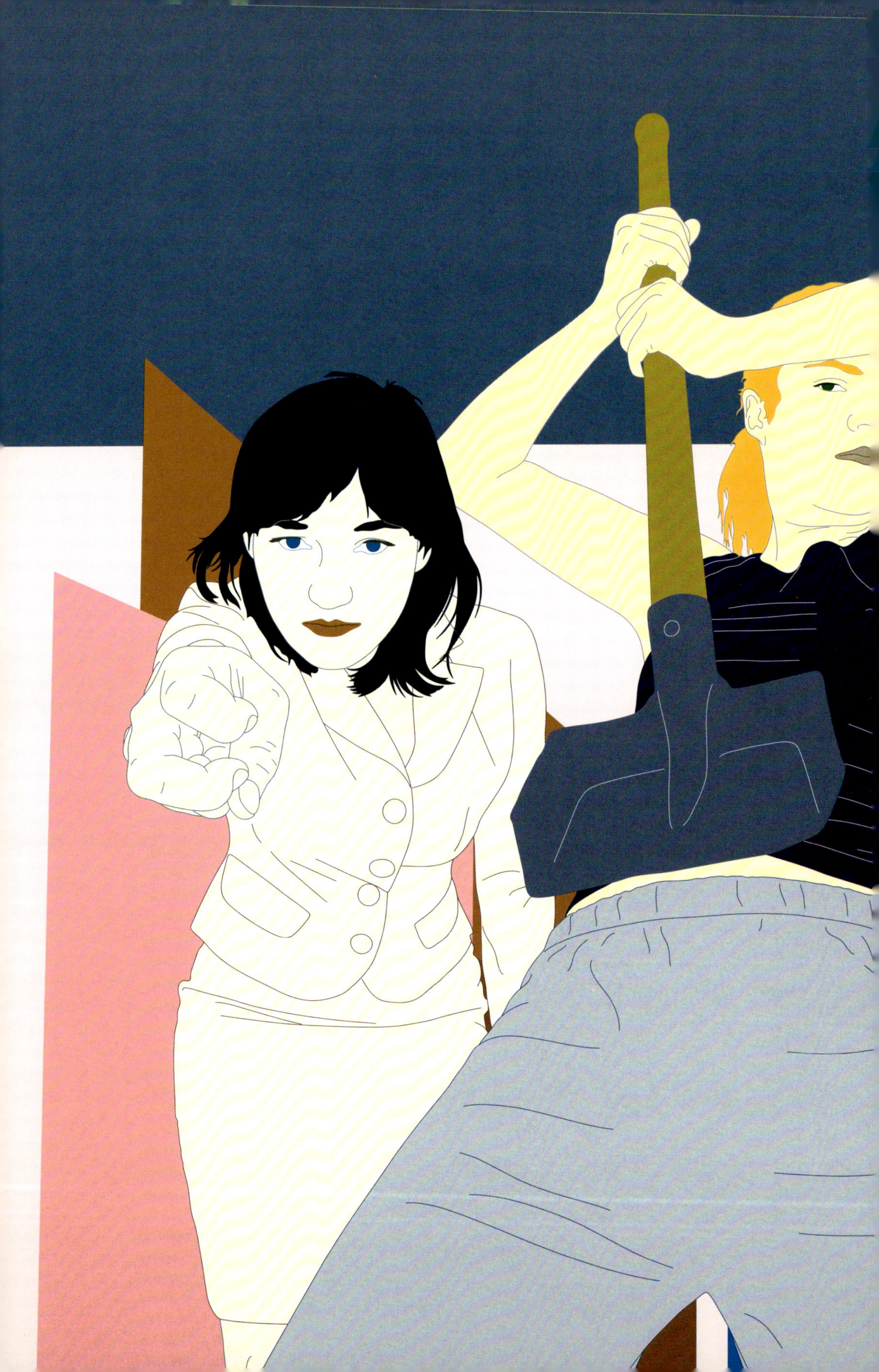

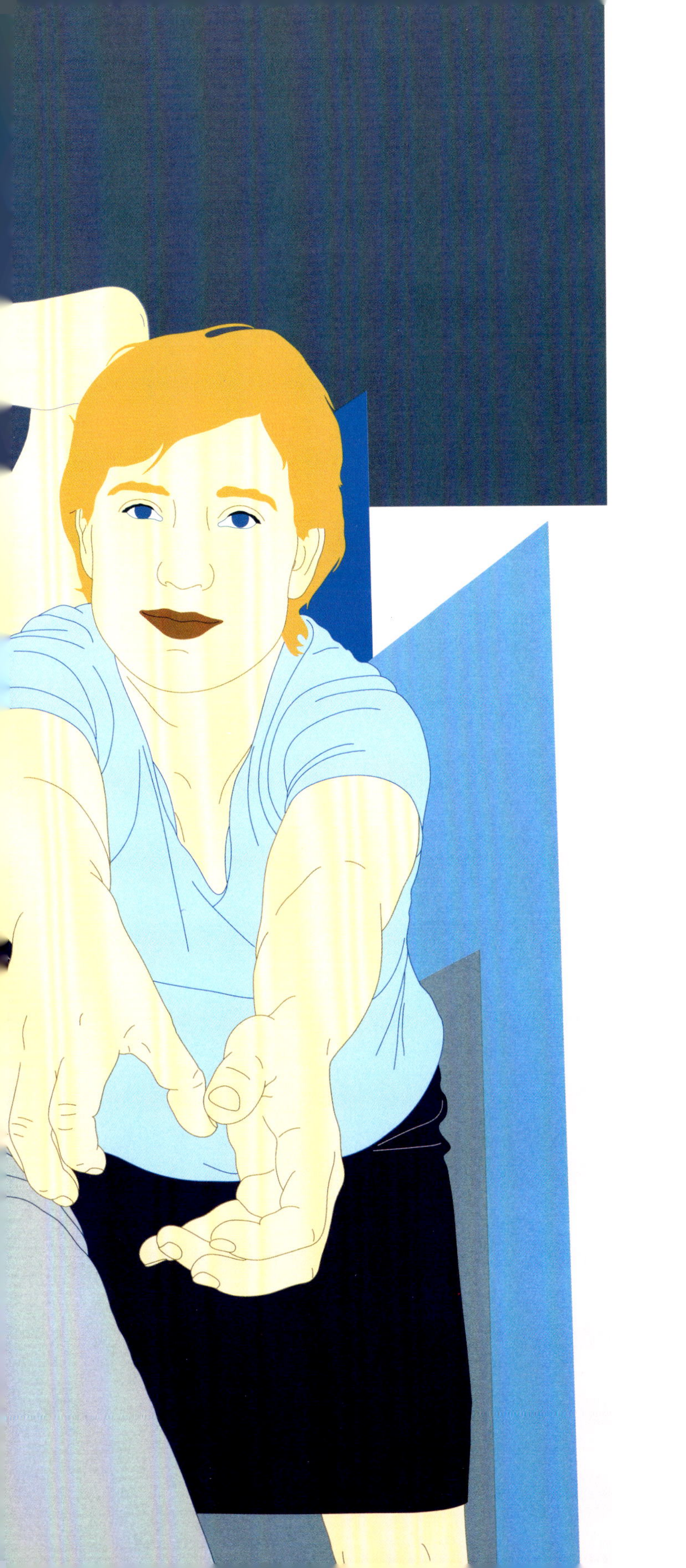

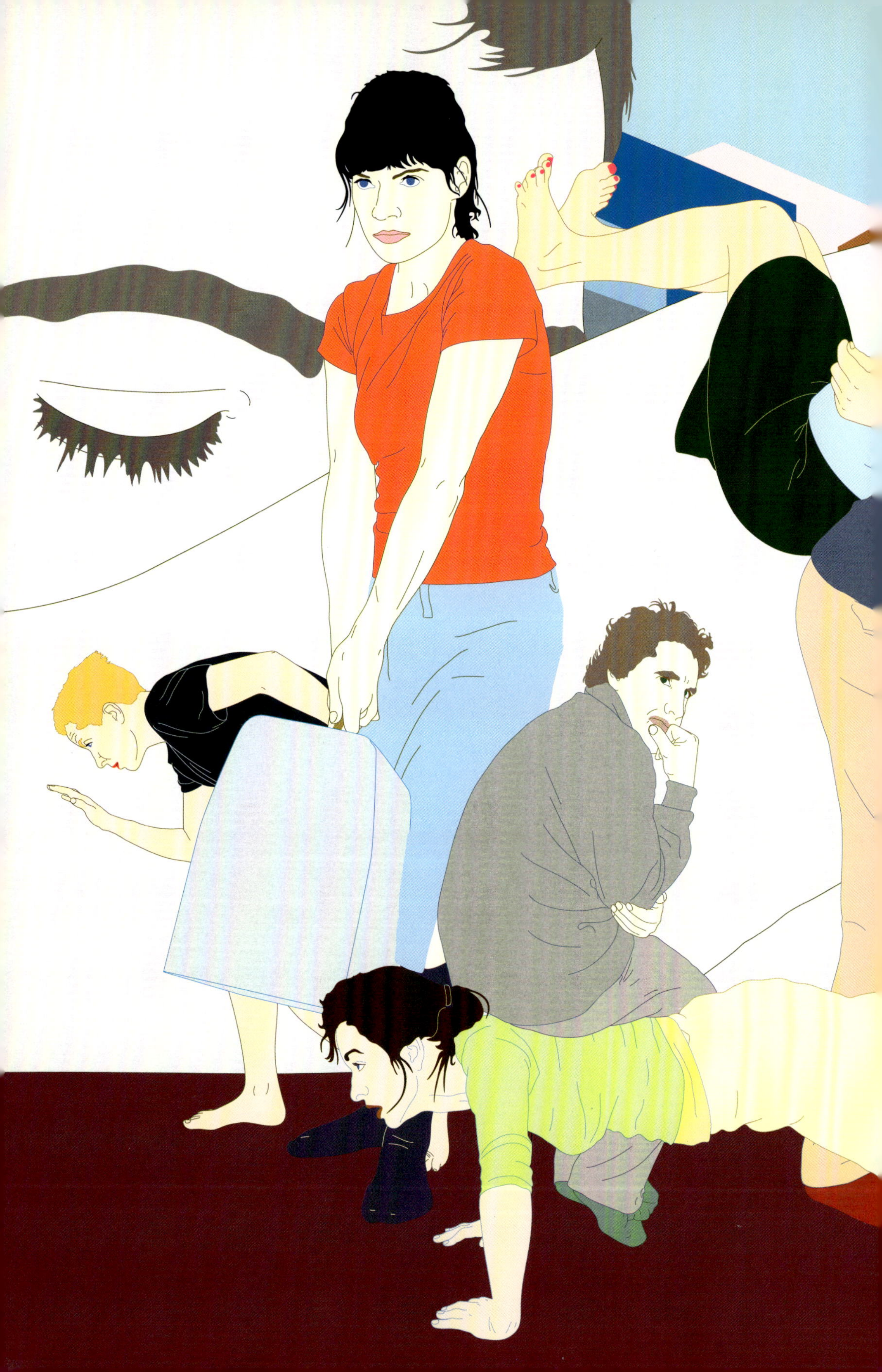

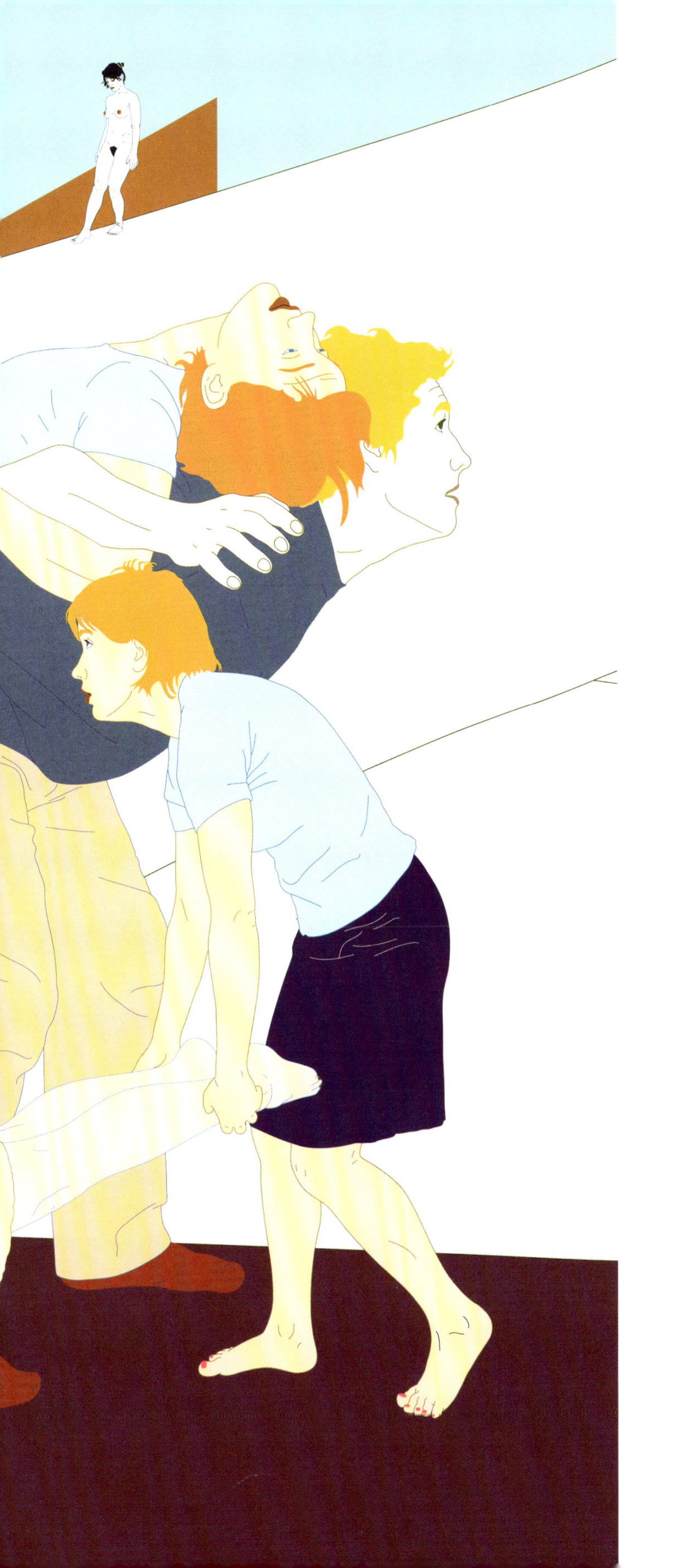

WANDBILDER

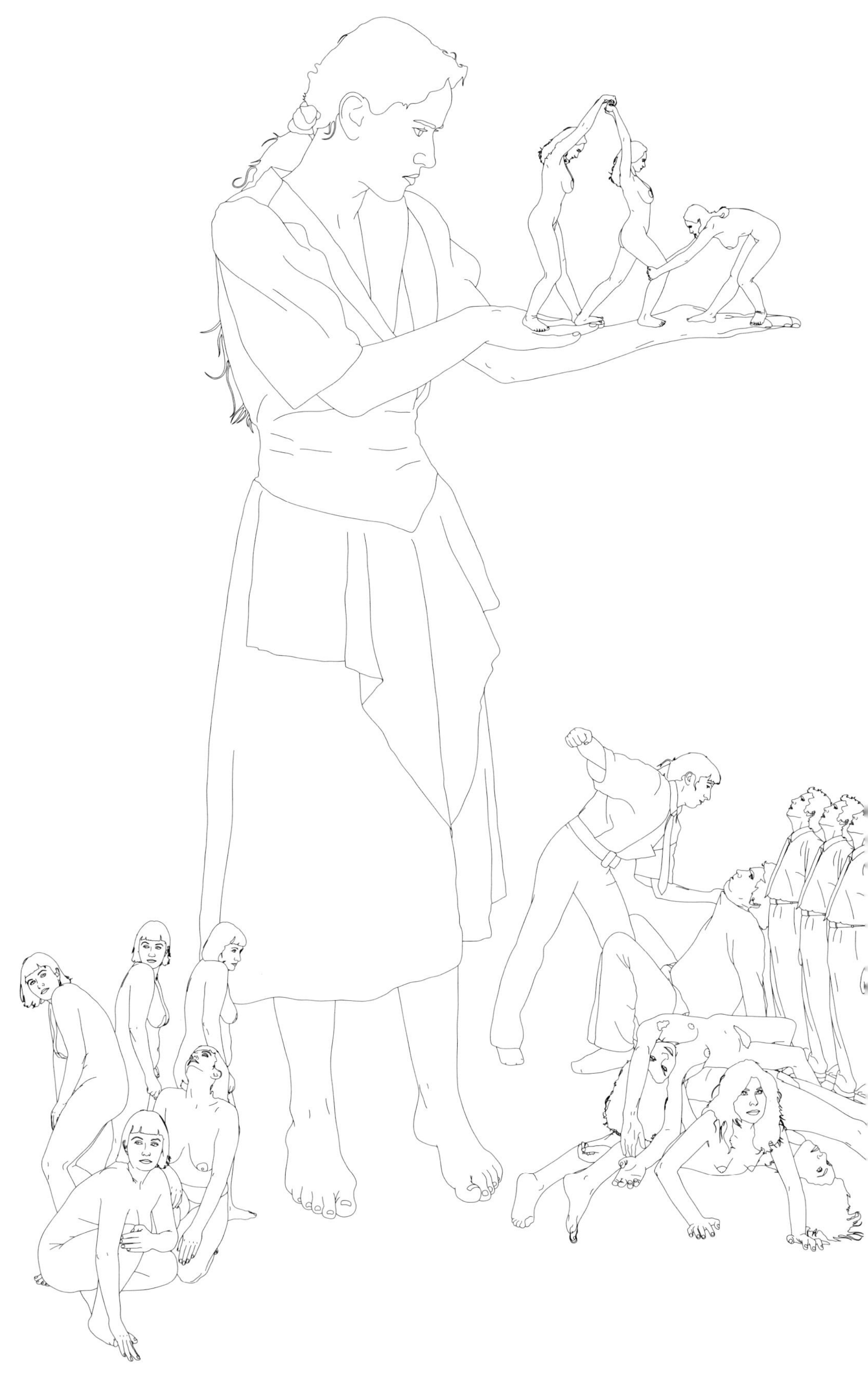

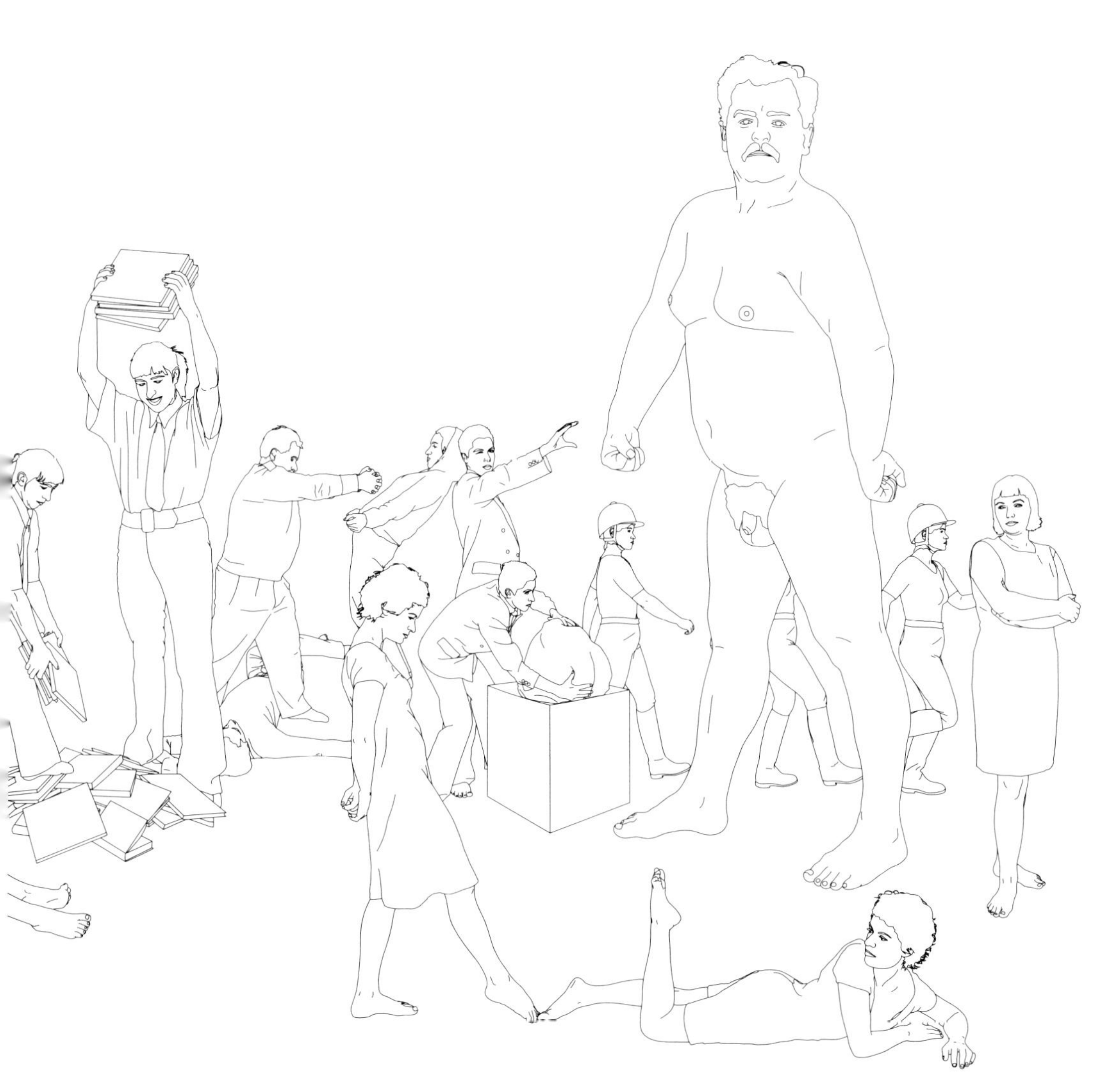

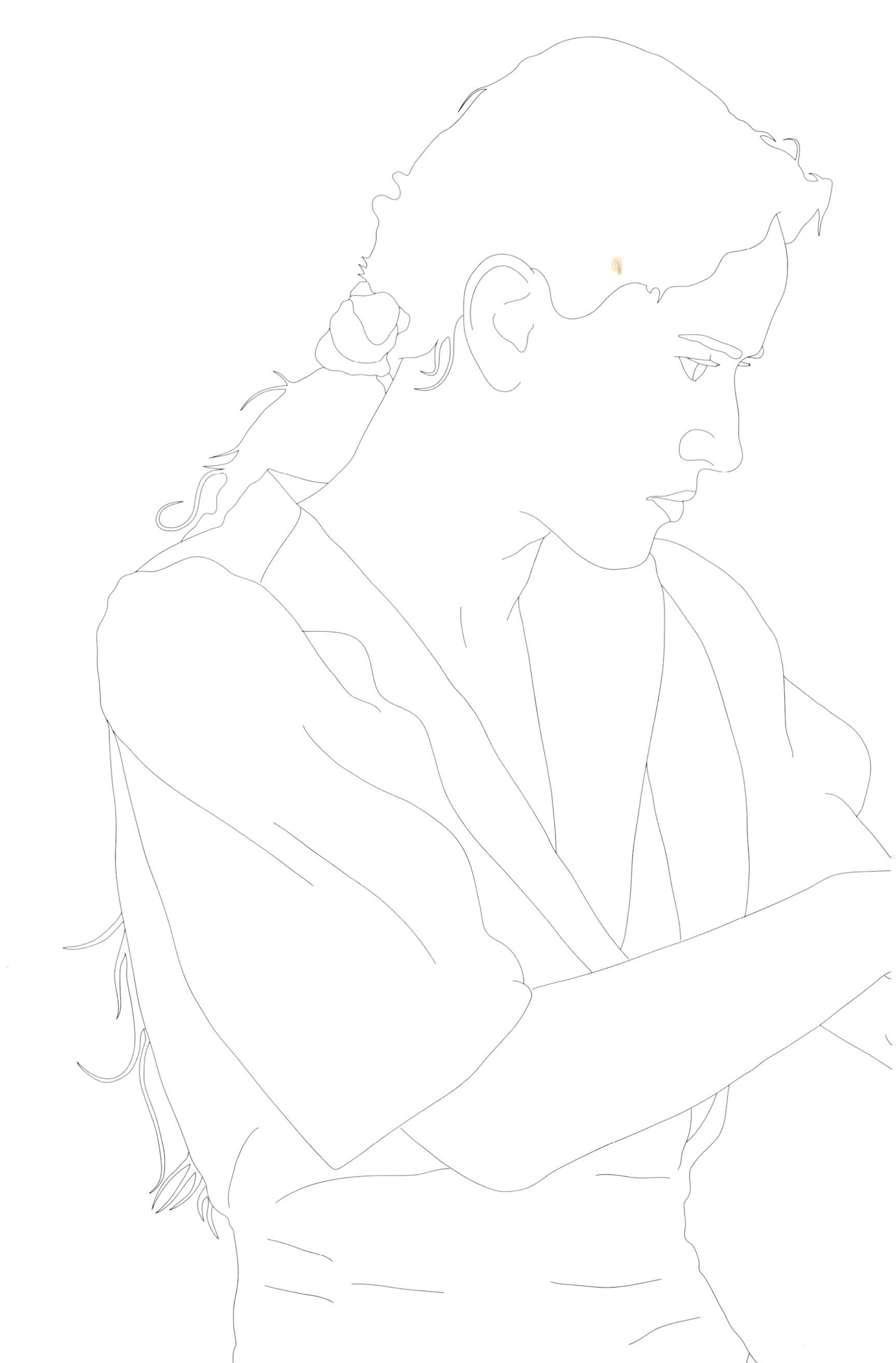

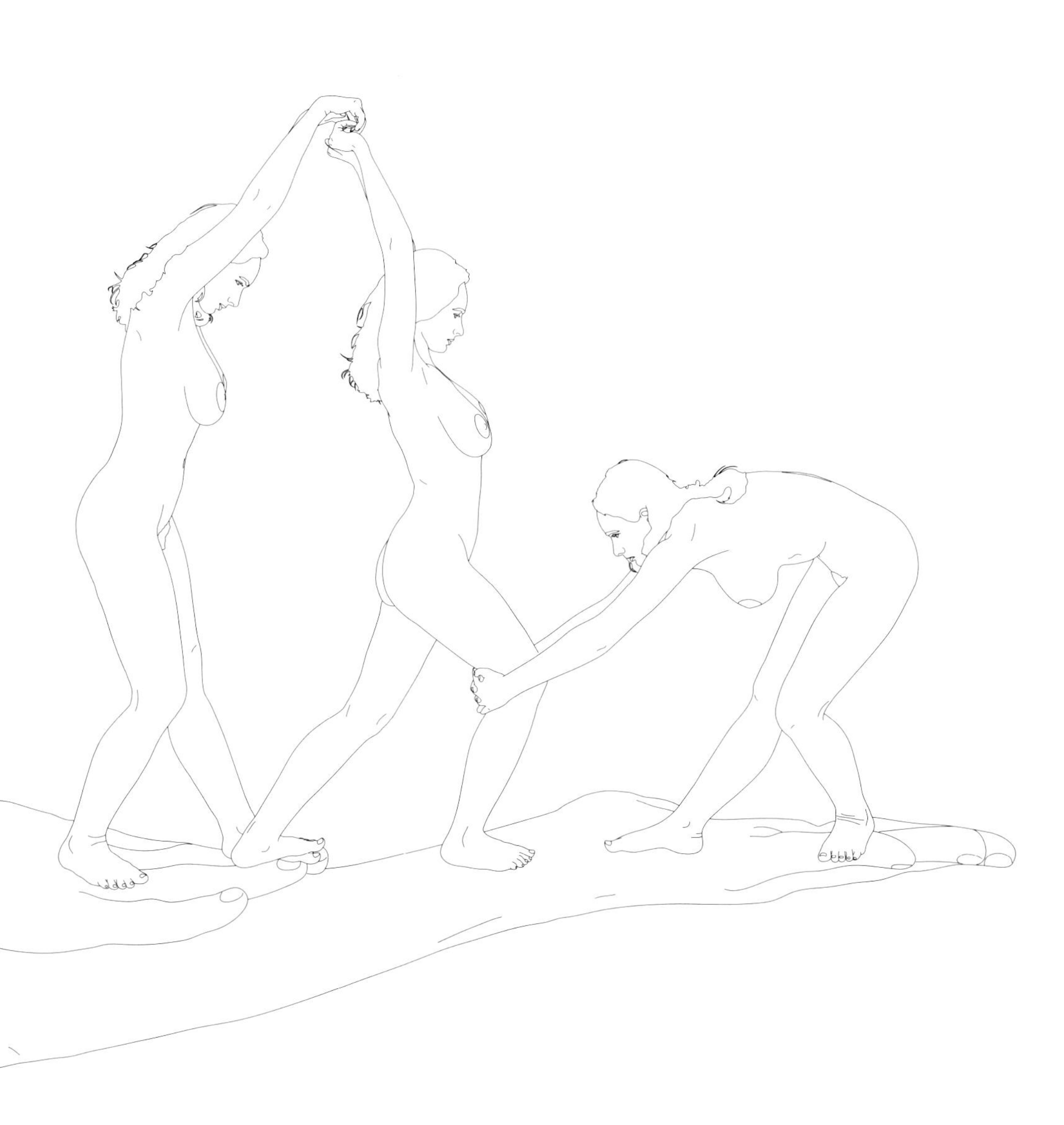

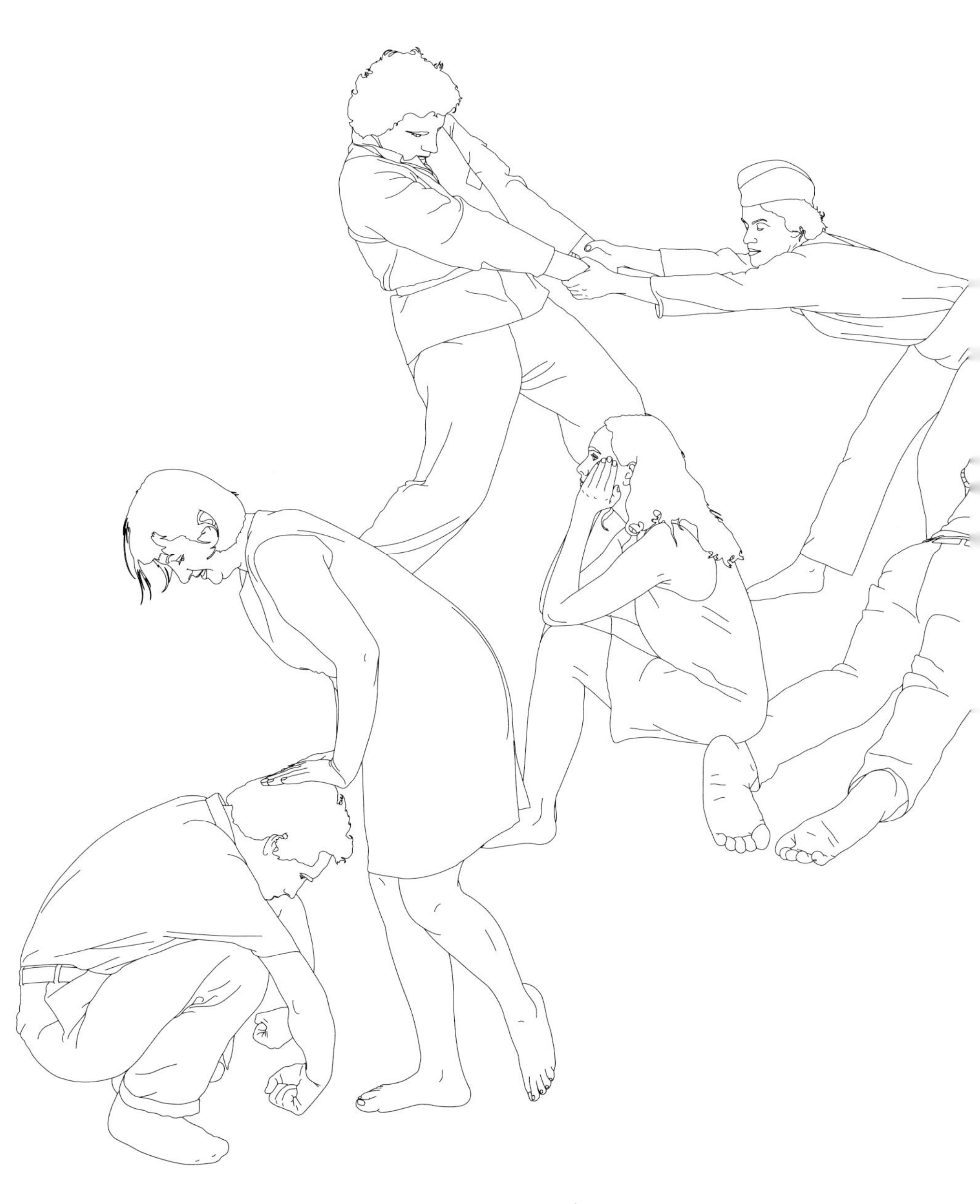

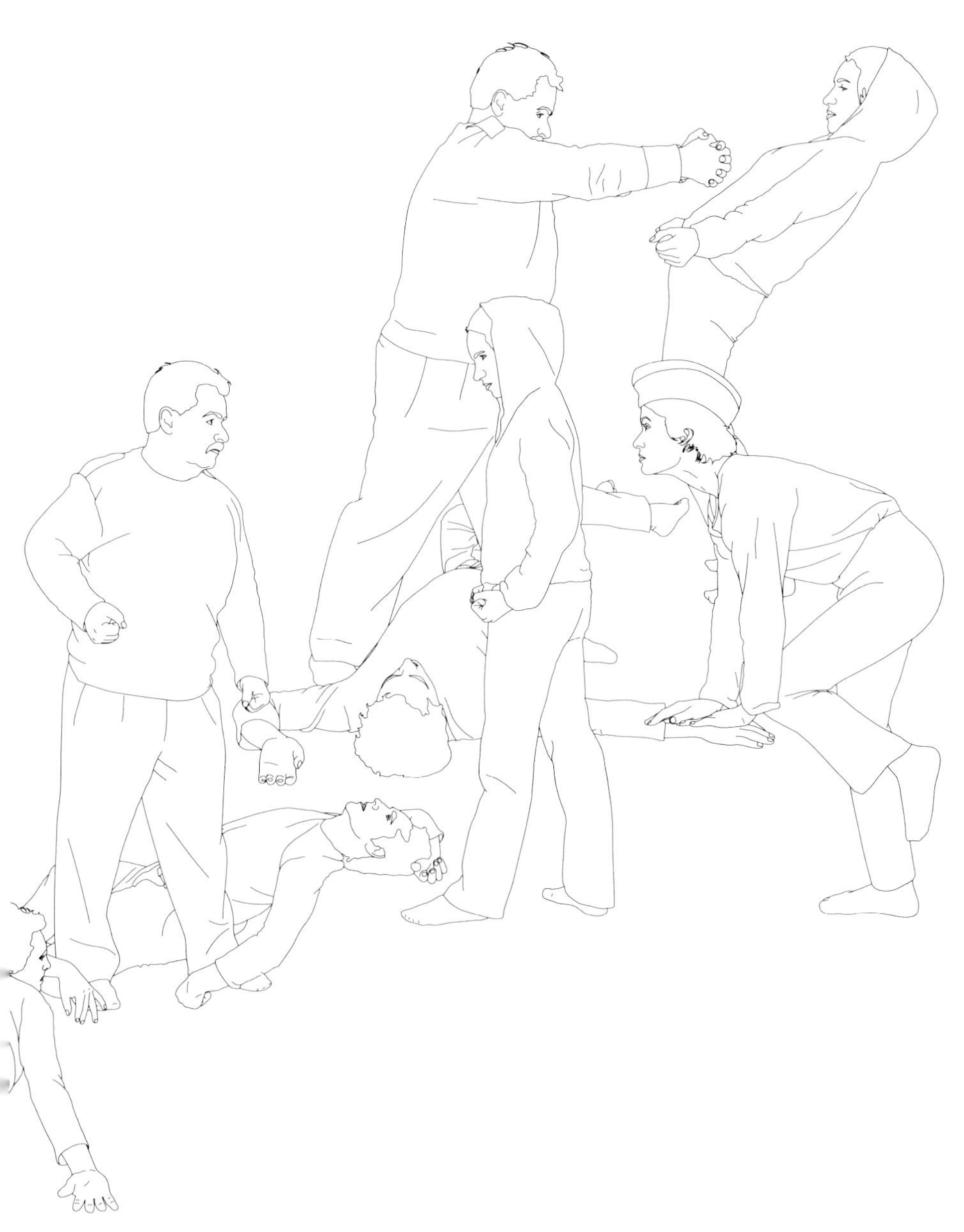

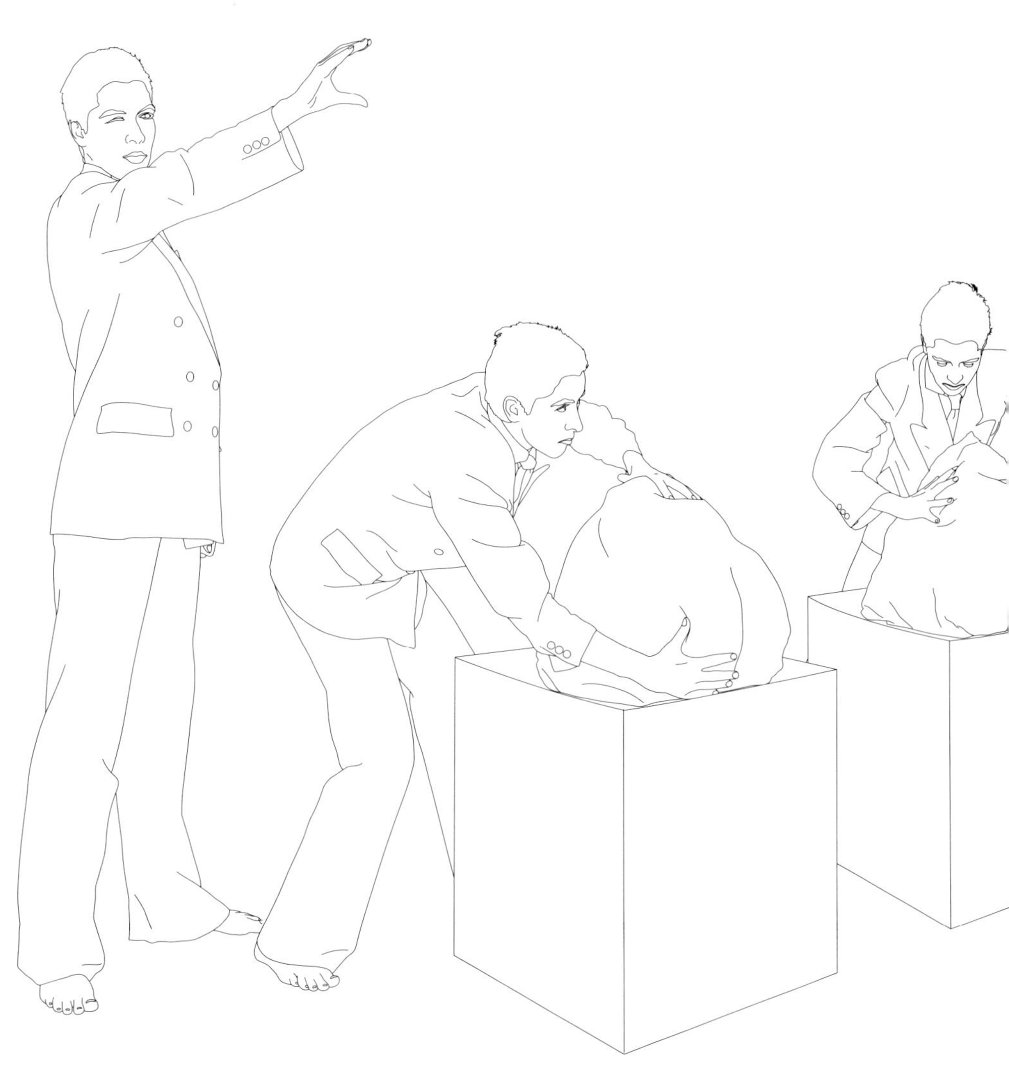

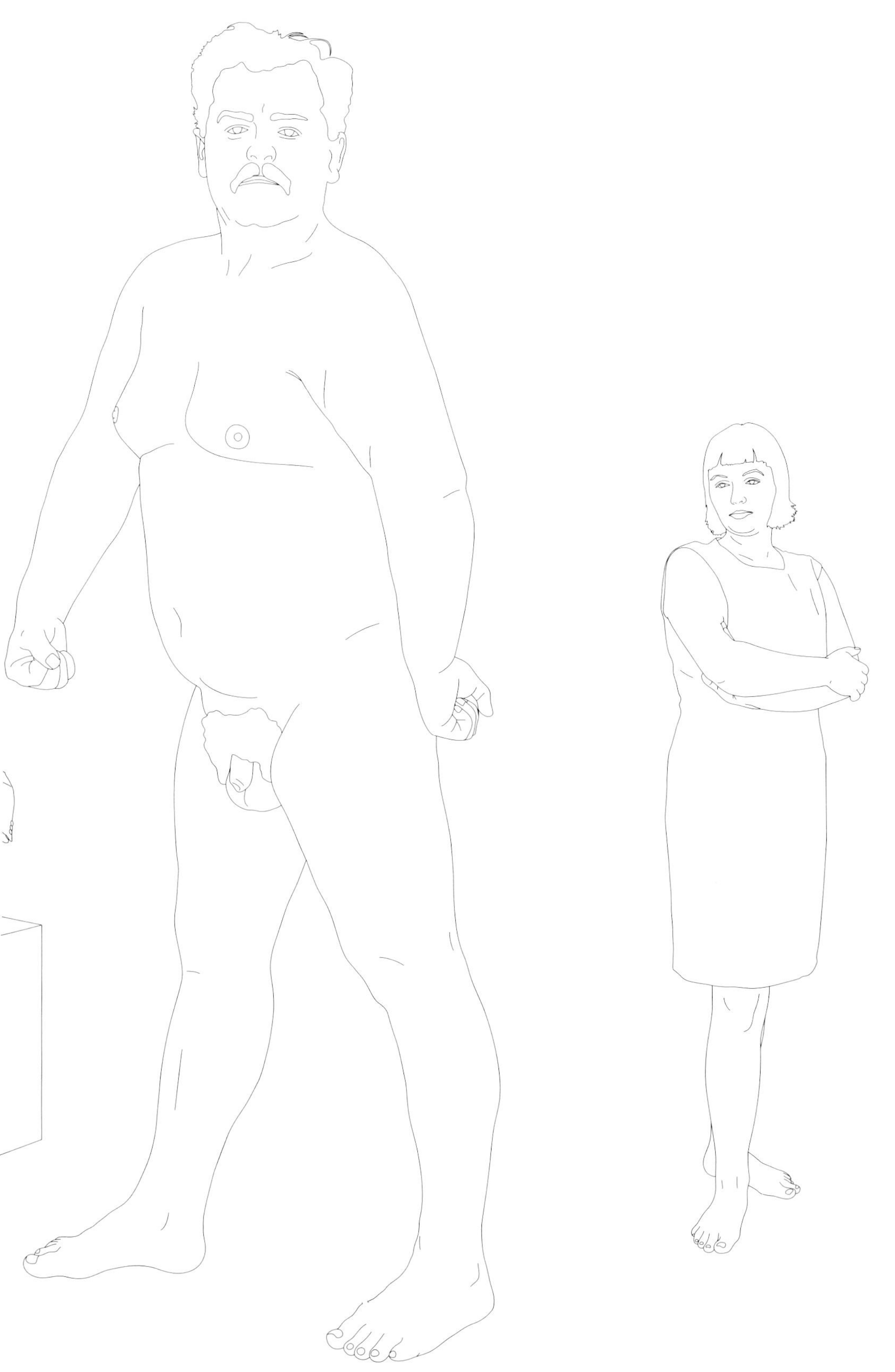

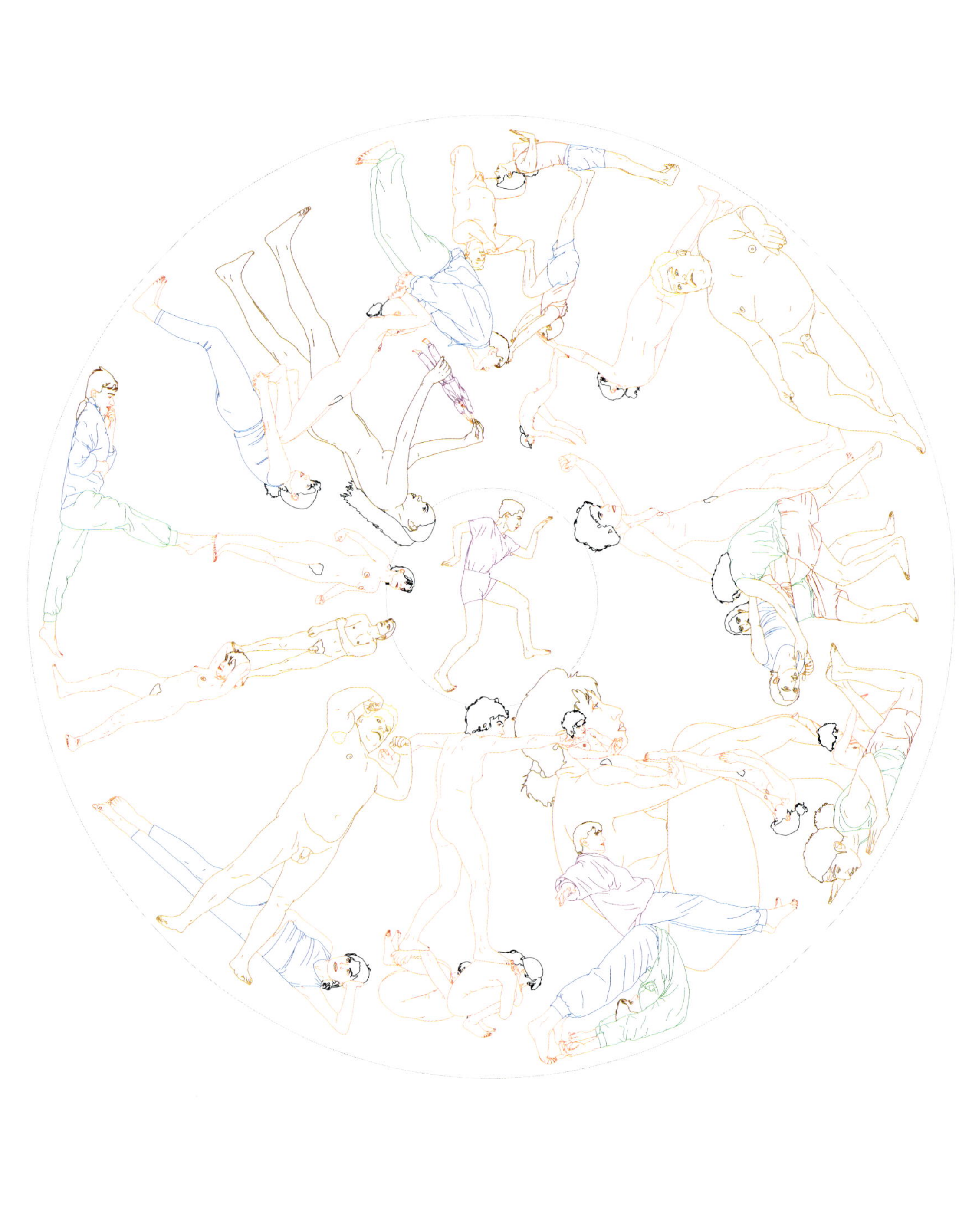

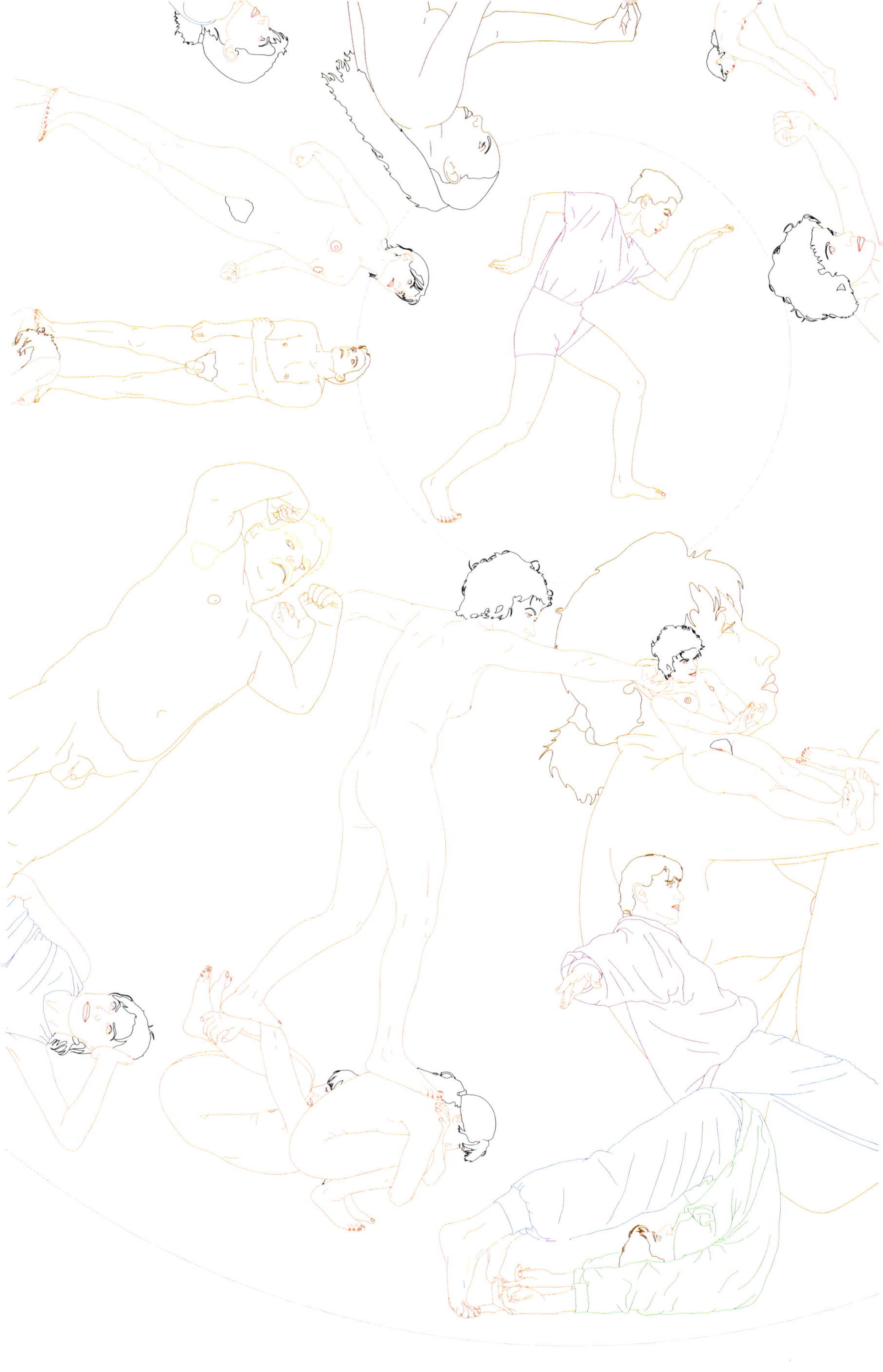

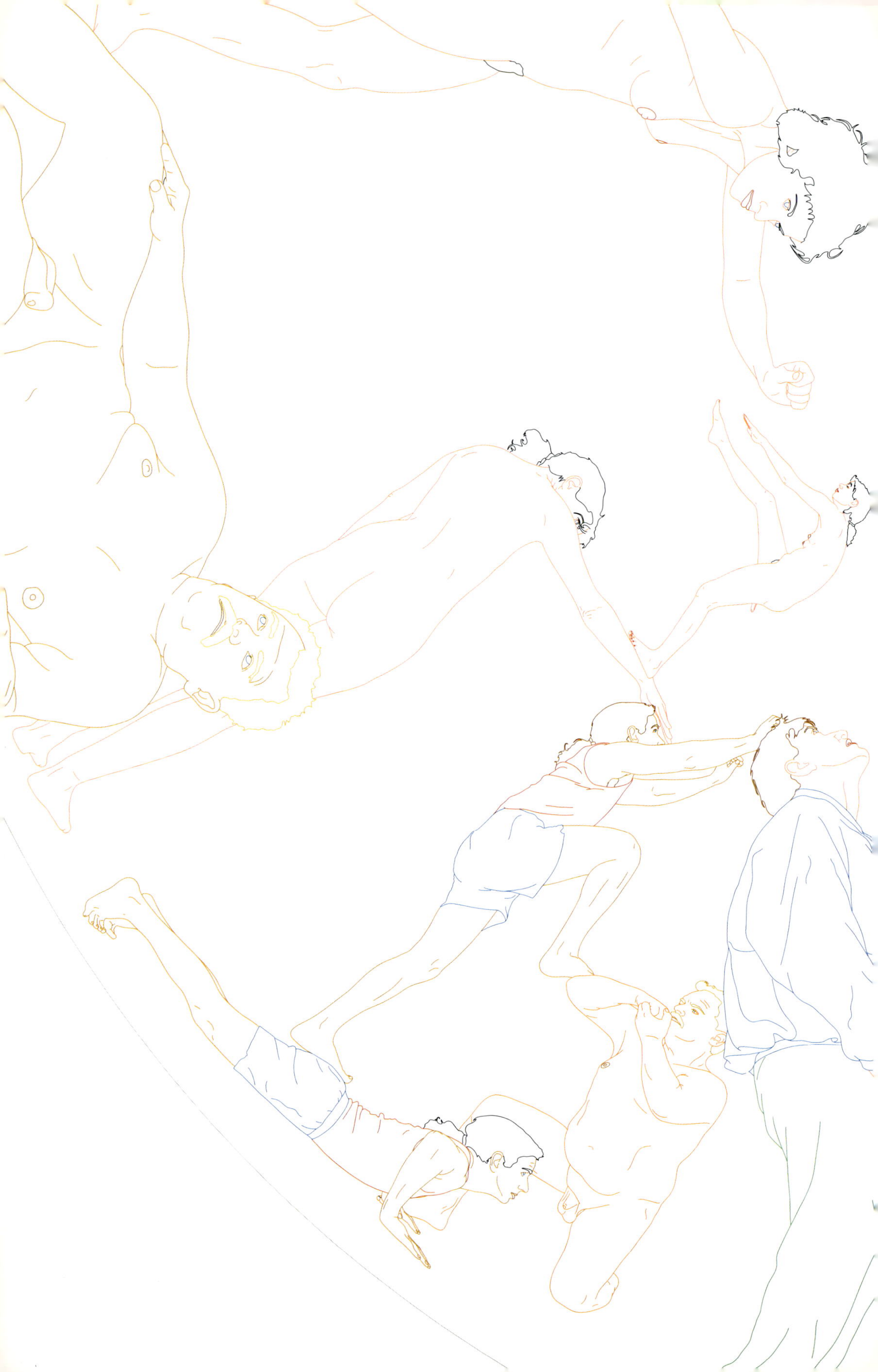

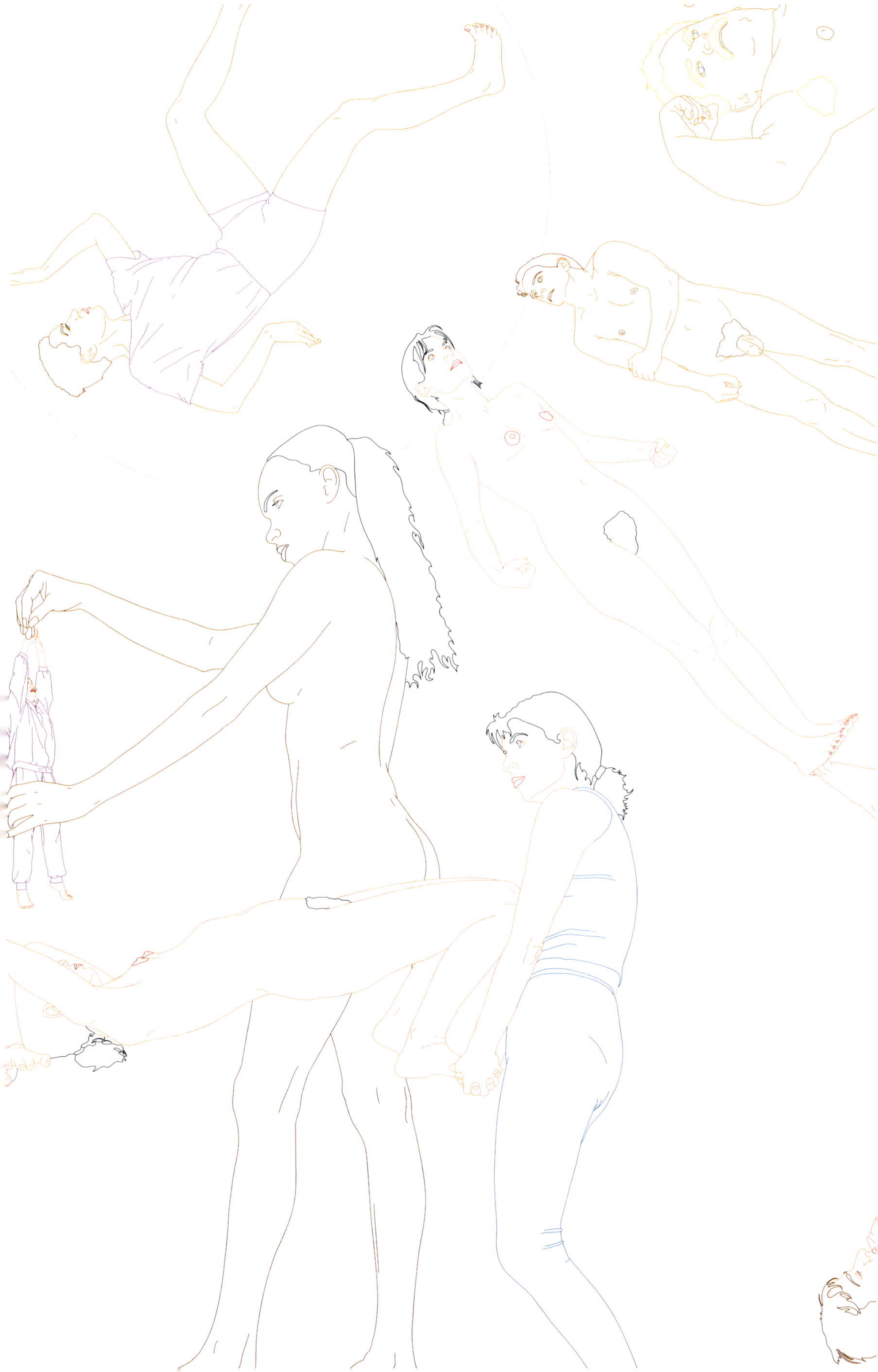

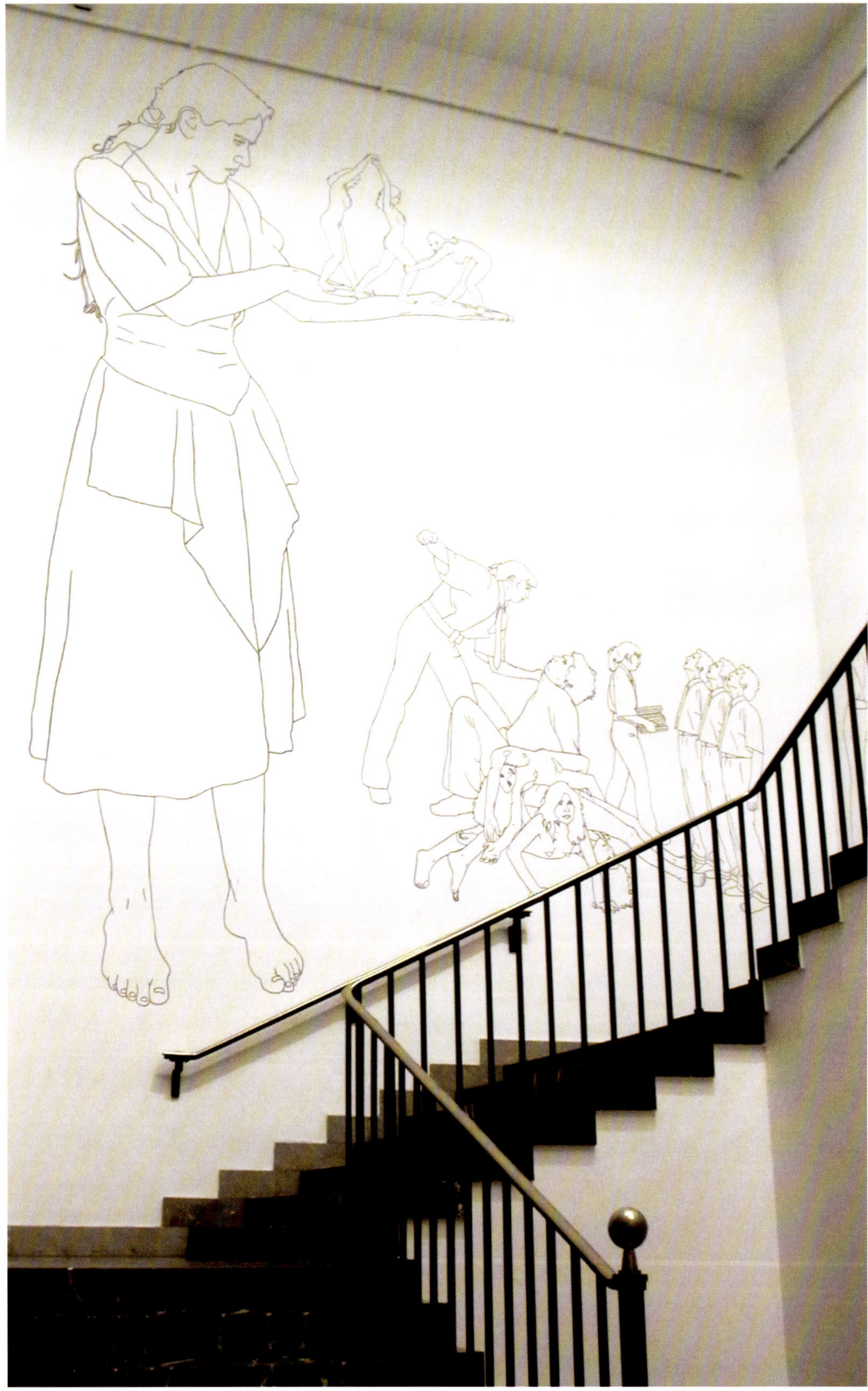

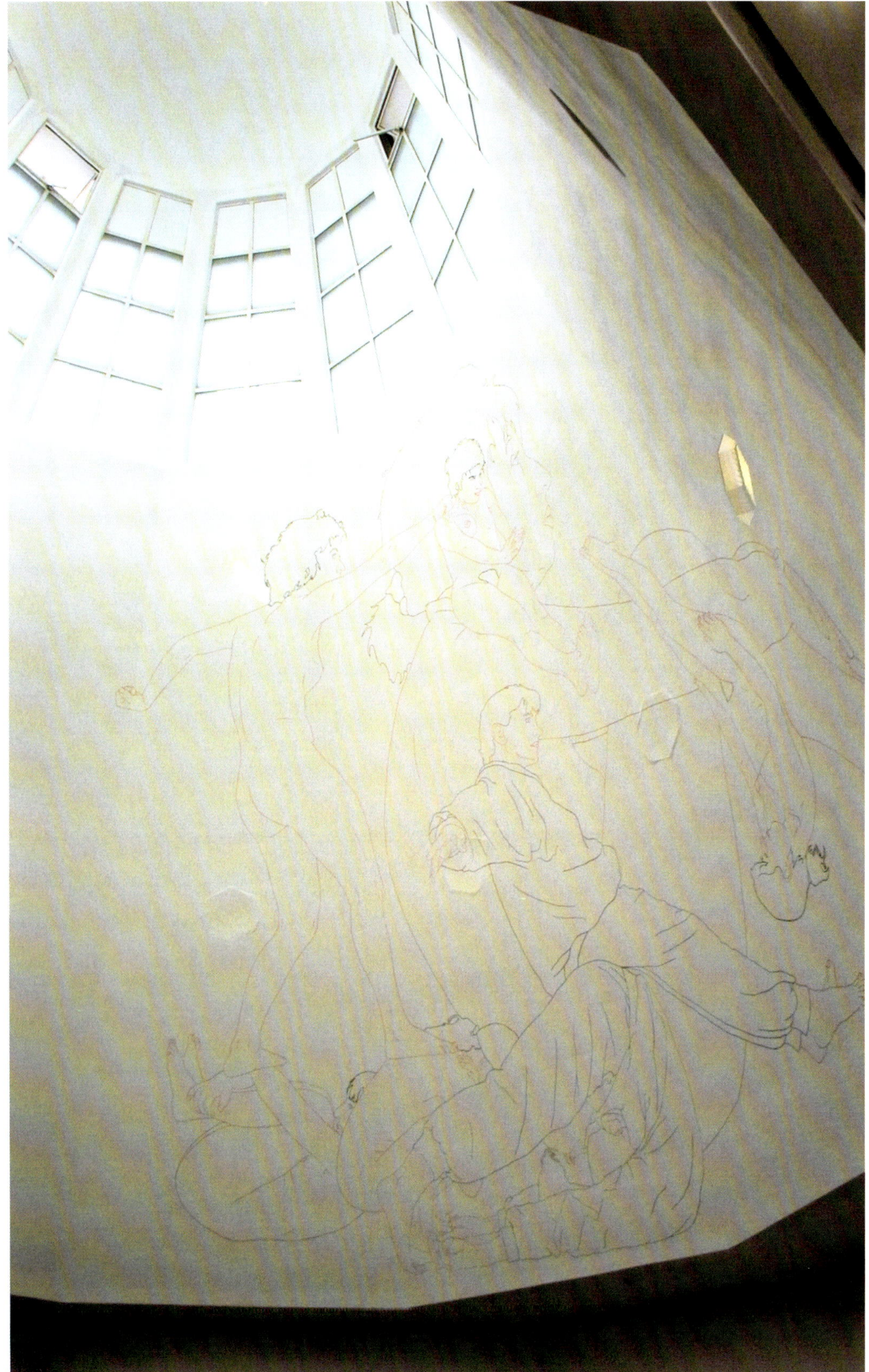

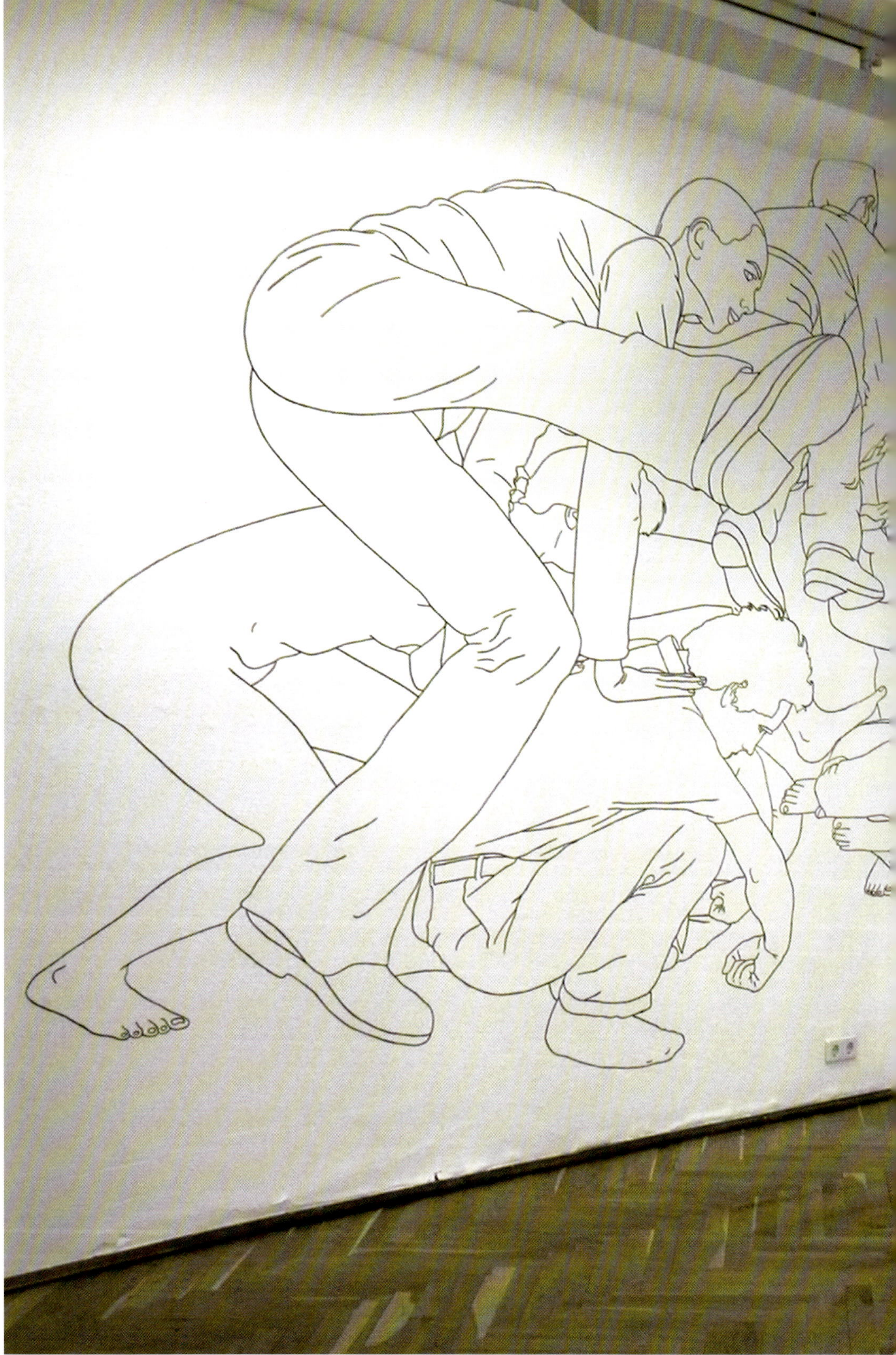

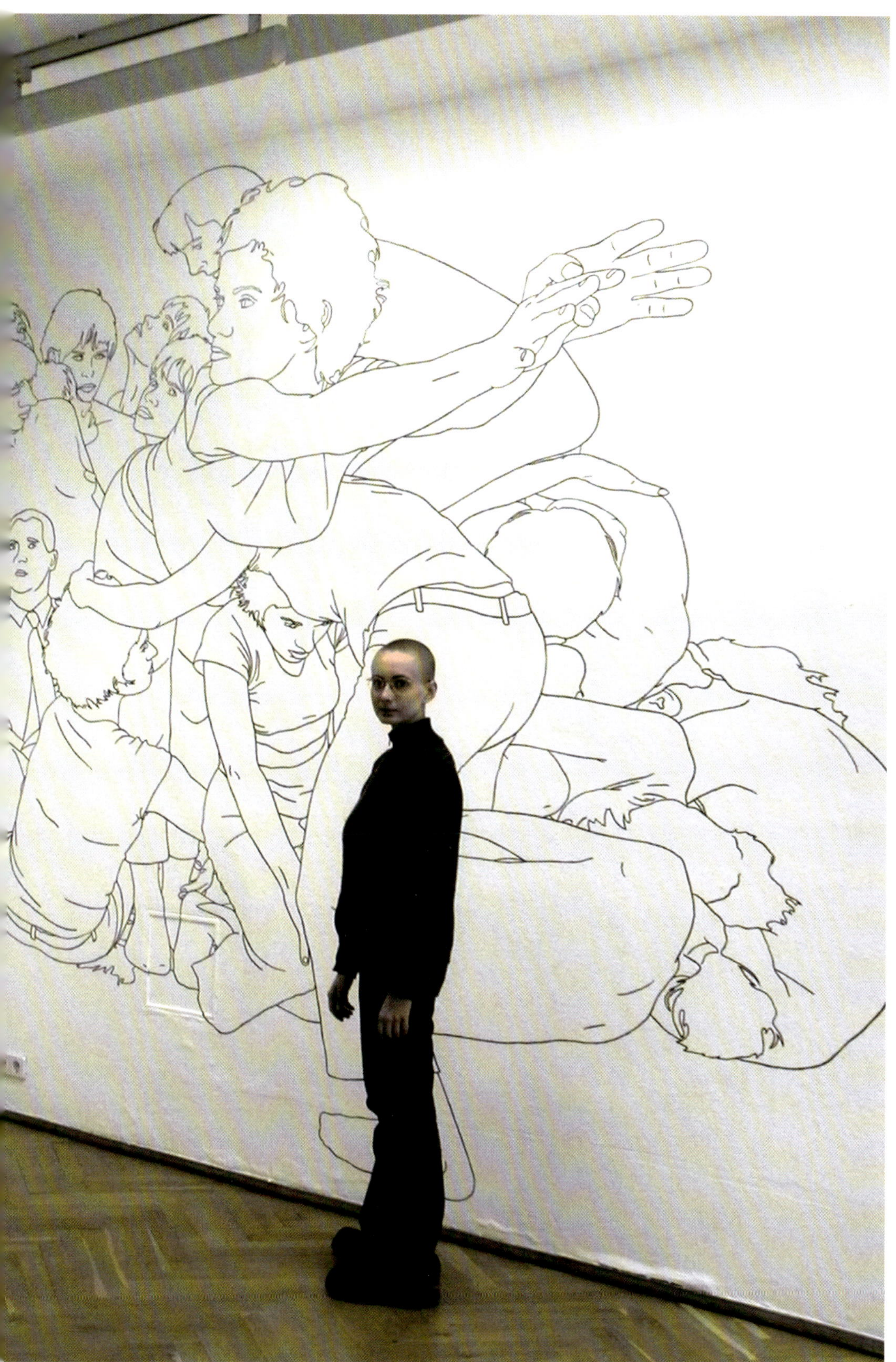

Freie Weltmeere für alle.
Oder: Warum wir einen konstitutionellen Anarchismus brauchen.
Walter Oswalt

Die Planwirtschaft scheiterte an der Verweigerung individueller Freiheit durch das Festhalten am Monopolismus. An zu wenig individueller Freiheit wird schließlich auch der bestehende oligopolistische Kapitalismus zu Grunde gehen, der weltweit Natur, Kultur und Wirtschaft monopolisiert. Damit wir überleben können, aber auch individuell und vielfältig leben können, brauchen wir eine strenge Architektur der Freiheit – den konstitutionellen Anarchismus.

Das Problem: der halbierte Liberalismus

Erstens: Indem ökonomische Macht die demokratischen Institutionen durchdringt und den öffentlichen Raum okkupiert, wird die Freiheit der Individuen demontiert, und dadurch die öffentliche Artikulation der entscheidenden Probleme und Problemlösungsmöglichkeiten behindert und verhindert.

Zweitens: Der so genannte Neoliberalismus gesteht uns nur halbierte Freiheiten zu. Dadurch gefährdet er auch das, wofür ihm selbst bei seinen Kritikern Kompetenz zugestanden wird: den Kapitalismus. Der Kapitalismus beinhaltet ein Versprechen: Durch freie Märkte für alle – auch und vor allem für arme Bürger – soll Kapital individuell verfügbar gemacht werden, damit jeder sein Leben im Austausch mit anderen selbst bestimmen kann. Indem der Neoliberalismus den meisten Marktakteuren den Zugang zu Kapitalmärkten systematisch verweigert, bricht er aber dieses Versprechen und untergräbt die Legitimität des Systems, das er zu schützen vorgibt. Neoliberalismus ist Etikettenschwindel: Obwohl ständig von einer Globalisierung des Kapitalismus die Rede ist, wird die ökonomische Kraft des gesamten Planeten in wenige Kapitalkanäle zusammengedrängt. Damit werden Millionen von Quellen, Haupt- und Nebenflüssen, Verästelungen, durch die ökonomische Energie und menschliche Phantasie fließen könnten, systematisch trockengelegt.

Ein Lösungsvorschlag: der radikale Liberalismus

Eine Wirtschaftsordnung, die auf Demokratie und Menschenrechten gründet und ihnen dient, ist deshalb nicht bloß ein ideeller Wunsch für ein besseres Leben, sondern eine Notwendigkeit fürs Überleben. Eine individualistische Ökonomie der Machtminimierung beruht auf folgenden Grundsätzen:

1. Dem Primat der individuellen Freiheit: Die Freiheit des Einzelnen darf nur durch das gleich große Recht des anderen auf seine Freiheit begrenzt werden. Freiheitseinschränkungen im Interesse irgendwelcher organisierter Machtinteressen sind illegitim, auch dann, wenn sie mit „übergeordneten Zielen" (z. B. „Wirtschaftswachstum", „Wirtschaftsstandort sichern") gerechtfertigt werden. Illegitim sind auch antimenschenrechtliche Normen, wie zum Beispiel der Grundrechtsschutz für Kapitalgesellschaften.

2. Um den Einzelnen wirtschaftlich, kulturell und politisch ermächtigen zu können, sein Leben selbst in die Hand nehmen zu können, müssen also die Konzerne und Wirtschaftsfestungen der reichen Industrieländer beseitigt werden. Denn eine staatlich geförderte und marktlich realisierte Freiheitsverhinderung können wir uns nicht mehr leisten.

3. Die Konzerne und Wirtschaftsfestungen sind nicht vom Himmel gefallen; sie sind Schlüsselinstitutionen eines Wirtschaftssystems, das auf die Dauer weder mit Demokratie noch mit den sozialen und ökologischen Lebensgrundlagen koexistieren kann. Daher müssen wir uns entscheiden. Zwischen Oligopolismus und Demokratie. Zwischen hierarchischen, diskriminierenden „Spielregeln", die systematisch Machtkonzentrationen und deshalb systematisch Freiheitsbeschränkungen bewirken, und nichthierarchischen, nichtdiskriminierenden Spielregeln, die Wirtschaftsmacht verhindern und so Demokratie und freie Öffentlichkeit ermöglichen.

4. Kommunale, regionale, nationale und suprastaatliche Demokratien müssen, um Regeln zu schaffen, die tatsächlich gleiche Freiheit sichern, ermächtigt und verpflichtet werden, bestehende Machtkonzentrationen aufzulösen und die Neubildung wirtschaftlicher Macht zu verhindern. Andererseits können die Demokratien nur dann Regelsetzer und „Schiedsrichter" sein, die gleiche Freiheit für alle Bürger ermöglichen, wenn ihre Macht gleichzeitig strikt beschränkt wird. Denn Demokratien müssen institutionell daran gehindert werden, sich selbst zu zerstören, indem ihnen untersagt wird, demokratiegefährdende Machtbildungen zu legitimieren oder sonst wie zu fördern. Dazu gehört insbesondere, dass der Staat nicht an der Stelle der Bürger den Wirtschaftsprozess auf den Märkten lenken darf (Staat kein „Mitspieler" – deshalb z. B. Verbot von Subventions- und Industriepolitik).

5. Freiheit verlangt Limits: (a) Die Grenzen des Marktes müssen konstitutionell gezogen werden: d. h., öffentliche Güter und Räume dürfen nicht „vermarktlicht" werden (z. B. Entprivatisierung der ökologischen Ressourcen, der Strom-, Kommunikations- und Verkehrsnetze). (b) Die Zivilisierung der Märkte wird durch die „Wettbewerbsordnung" durchgesetzt: Alle Formen der Konkurrenz, die nicht auf dem Wettbewerb um die bessere Leistung beruhen, müssen staatlich verhindert werden (dazu gehört auch die Konzernentflechtung). (c) Der Marktzugang und die Eigentumsbildung müssen für alle Bürger formal und materiell (z. B. Bodenreformen, liberale Umverteilung durch Auflösung von Großvermögen, Grundkapital für alle) sichergestellt werden.

Schritt für Schritt müssen wir die Ökonomie der großen Schlachtschiffe beseitigen.
Freie Weltmeere für alle!

22. Juli 2004

Free Oceans for All,
or: Why We Need Constitutional Anarchism
Walter Oswalt / Translated by Brian Currid

Centrally planned economies failed due to their denial of individual freedoms in upholding monopolism. The existing form of oligopolitical capitalism that has monopolized nature, culture, and the economy around the world will also destroy itself due to a lack of individual freedom. In order not only to survive, but also to live diversely and individually, we need a strict architecture of freedom: a constitutional anarchism.

The Problem: Semi-Liberalism

First, the saturation of political institutions and public space by economic power dismantles individual freedom, as a result hindering and restricting the public's articulation of decisive problems and possible solutions to these problems.

Second, so-called neoliberalism only allows us halved freedoms. In so doing, it also endangers that for which even its critics grant it competence: capitalism. Capitalism contains a promise: free markets for all, also and especially for the poor, are supposed to make capital accessible to all individuals, allowing them to determine their own lives in free exchange with others. But by systematically denying most market actors access to the capital markets, neoliberalism breaks this promise and undermines the legitimacy of the system that it seeks to protect. Neoliberalism is a misnomer: although the globalization of capitalism is constantly mentioned, the economic power of the entire planet is funneled into a few capital channels. In so doing, millions of sources, rivers, and tributaries through which economic energy and human fantasy could flow are systematically laid dry.

A Suggested Solution: Radical Liberalism

An economic order that is based on democracy and human rights and serves to promote both is hence not just an idealistic desire for a better life, but a necessity for survival. An individualistic economy of power minimization rests on the following fundamental principles:

1. The primacy of individual freedom: the freedom of the individual may only be limited by the equal rights of the other to his or her own freedom. Limitations of freedom in the interest of any kind of organized power interests are illegitimate, even in the name of "higher goals" like "economic growth" or securing the "attractiveness" of a place for doing business. Also illegitimate are norms that go against human rights, for example the guarantee of basic rights for corporations.

2. Therefore, in order to empower the individual to take his or her life into his or her own hands in economic, cultural, and political terms, the corporations and economic strongholds of wealthy industrial countries must be abolished, for we can no longer afford the hindrance of freedom supported by the state and realized by the market.

3. These corporations and economic strongholds did not fall from the sky: they are key institutions of an economic system that over the long run can coexist neither with democracy nor with the social and ecological foundations of life. We therefore need to decide: between oligopolism and democracy, between hierarchical, discriminatory "game rules" that systematically produce concentrations of power and in so doing insure limitations of freedom, and non-hierarchical, non-discriminatory rules that block economic power, enabling democracy and a free public sphere to exist.

4. In order to create rules that genuinely secure equal freedom, communal, regional, national, and international democracies must be empowered and obliged to break up existing concentrations of power and block the new formation of economic power. At the same time, democracies can only be rule providers and "referees" that guarantee equal freedom for all citizens, if their own power is at the same time strictly circumscribed. For democracies must be kept from destroying themselves institutionally by forbidding them to legitimate or in other ways support power formations that endanger democracy. This means in particular that the state cannot take on the role of a citizen in attempting to control the economic process of the market (the state is not a player: therefore, a ban on subsidies and industrial policies).

5. Freedom requires limits: (a) the borders of the market must be constitutionally drawn, that is, public goods and spaces may not be "marketed" (for example, deprivatization of ecological resources, electricity, communication, and transportation networks) (b) the civilizing of the markets is to be established by way of "constitution of competition." All forms of competition not founded on competition to provide better service must be hindered by the state (this includes the dissolution of any conglomerates) (c) market access and property formation must be secured for all citizens in both a formal and material sense (land reform, liberal redistribution of wealth by breaking up large fortunes, basic capital for all).

We must do away with the economy of large battleships, step by step.
Free oceans for all!

July 22, 2004

Zur Alltäglichkeit des Traumes
Überlegungen zu Florian Merkels Arbeit *Kausaler Aufbruch,* 2004
Raimar Stange

1. Weltlich?

Seltsam: Wie ein Zwitter aus sozialistischem Realismus und kunterbunter Kinderfibel, von ikonenhafter Zeichnung und einer Postpop-Malerei Marke Lisa Ruyter beispielsweise mutet das ästhetische Geschehen auf Florian Merkels neuer Bilderfolge *Kausaler Aufbruch,* 2004, auf den ersten Blick an. Da liegt also die Frage nach der Konstruktion, nach der, wenn man so will, handwerklichen Genese dieser Arbeit nahe: Zuerst hat der in der ehemaligen DDR aufgewachsene Künstler Menschen in alltäglichen Posen fotografiert und diese Fotos dann in seinen Computer eingegeben. Anschließend hat er die linearen Konturen der Figuren mit Hilfe eines Illustrator-Programmes nachgezeichnet und dann diese Flächen farbig angelegt. Nun werden vom Künstler am Rechner verschiedene Figuren zu erzählerischen Konstellationen montiert und anschließend abstrakte Farbflächen als raum- und atmosphärestiftender Hintergrund hinzugefügt. Das Ergebnis wird als farbenkräftiges Cibachrome gezeigt: auf holzschnittähnlichen Tableaus werden so schein-bar naiv wie banal idealisierende, kleine, sich entwickelnde Geschichten erzählt. Geschichten, in denen kaum jemals ein „vernünftiger" Zusammenhang erkennbar wird, in denen „realistische" Größenordnungen, wie etwa in Jonathan Swifts *Gullivers Reisen,* beständig ignoriert werden, Geschichten letztlich, die aus einer seltsamen Zwischenwelt aus Traum, Kunst und „wirklichem Leben" zu entstammen scheinen.

Da ist beispielsweise das erste Bild der zwölfteiligen Sequenz: eine Frau macht Kniebeugen, eine andere tritt mit einem Bein eine abstrakte Farbfläche, die zu dünn ist, um tatsächlich eine Wand sein zu können. Eine dritte Frau hält selbstbewusst den Daumen nach oben, sie steht in einem „Fenster", eine weitere monochrome Farbfläche. Eine sich bückende und eine eine Axt tragende weibliche Figur sind zudem in der rechten Bildhälfte präsentiert. Weiterhin zu sehen: Ein Mann hält in der linken Bildhälfte zwei Bretter über-einander, ein anderer steht in einer merkwürdig militärisch anmutenden Kluft im Hintergrund. Durch dieses absurde soziale Umfeld nun läuft eine Frau, die Hände auf dem Rücken verschränkt, neugierig nach links schauend.

Diese Bilder sind nicht (nur) von dieser Welt.

2. Traumhaft?

Zu einer „Außenwelt der Innenwelt", frei nach Peter Handke, dreht Florian Merkel in *Kausaler Aufbruch* seine zunächst als „realistisch" erscheinenden Sujets so leichthändig wie subtil. Diese ästhetische Wendung, in der Realismus sich als Surrealismus und vice versa verdient, gelingt ihm nicht nur durch seine Erzählweise, sondern auch durch die von ihm betriebene Durchdringung so verschiedener Medien und Stile wie die einst-mals Objektivität verbürgende Fotografie, der künstlerische Strich der Zeichnung, die Bildbearbeitung des Computers und die Abstraktion garantierenden Flächen monochromer Farbigkeiten. Nichts bleibt hier mehr von der dokumentarischen Authentizität, die Roland Barthes noch in seiner Theorie des „punctum" der Foto-grafie zusprach,[1] vergeblich sucht man hier auch die viel gepriesene Freiheit und Expressivität der kreativen Handarbeit eines Künstlers. Auf beiden Polen möglicher Repräsentation ent-täuscht Florian Merkel absichtsvoll – und vermag eben durch diese „formalistische Versachlichung" ein Moment in seine künstleri-sche Arbeit einzubringen, das von Jacques Lacan diskutiert, wohl erstmals umfassend aber von Gilles Deleuze und Félix Guattari beschrieben und analysiert worden ist: nämlich das Moment der begehrenden Arbeit der von Deleuze und Guattari sogenannten „Wunschmaschinen", die jenseits (freudscher) ödipaler Zuschreibungen unser Unbewusstes stets strukturieren.[2]

3. „Dream on" (Aerosmith)

„So logisch wie ein Traum" (Florian Merkel) entwickelt sich dann auch der erzählerische Faden von *Kausaler Aufbruch*. Dieser sei zum Abschluss meiner Überlegungen, anschließend an die oben vorgestellte Narration des ersten Bildes, kurz angedeutet: Im zweiten und dritten Bild läuft die Frau mit den ehemals auf dem Rücken verschränkten Händen durch eine Parallelwelt des ersten Environments und dann herrschen paradiesische Zustände, sind doch die Menschen fast alle unbekleidet. Im Zentrum dieser Welt ist eine große blasse Frau, die sich dann in einer der nächsten Einstellungen in ein neues Paralleluniversum begibt, in der sie unter anderem eine Frau von einer sprichwörtlichen Last befreit. Die psychedelische Tour de Force wird fortgesetzt und dann steht u.a. körperliche Arbeit im Mittelpunkt der bildhaften Szenerien. In diesen traumlogisch verknüpften Bildern findet sich immer wieder ein Mann, der mit einem orangen Ball spielt – leitmotivisch gibt dieser Homo Ludens den Rahmen für die beschriebene Abfolge von Welt auf Welt ab. Eine Abfolge, die dem Prinzip der „Kopplung" folgt, also genau dem additiven Andocken, das auch für die Struktur der Wunschmaschinen typisch ist und sich in einer „linearen" Richtung bewegt: „Die Wunschmaschinen bilden binäre ... Maschinen. Stets ist eine Maschine einer anderen angekoppelt. Die produktive Synthese .... besitzt die konnektive Form und dann",[3] beschreiben dann auch Deleuze und Guattari dieses additive Hintereinander.

Anmerkungen

1 Vgl.: Roland Barthes, *Die helle Kammer*, Frankfurt am Main 1989.
2 Vgl.: Gilles Deleuze und Félix Guattari, *Anti-Ödipus*, Frankfurt am Main 1977.
3 Vgl.: Alle drei Zitate: ebenda, S. 11.

On the Quotidian of the Dream
Reflections on Florian Merkel's *Kausaler Aufbruch,* 2004
Raimar Stange / Translated by Steven Lindberg

1. Mundane?

Strange: like a hermaphrodite of socialist realism and colorful children's primer, of iconic drawing and a post-Pop trademark by, say, Lisa Ruyter, is the first impression given by the aesthetic events in Florian Merkel's new series of images: *Kausaler Aufbruch* of 2004. The question of construction, of the, if you will, artisanal genesis of the work leaps to mind. The artist, who grew up in the German Democratic Republic, started by photographing people in everyday poses and then transferred these photos to his computer. Then he used an illustration program to trace the linear contours of the figures and applied color to the resulting planes. Next the artist used his computer to put the various figures together to create a narrative constellation. Finally, abstract planes of color were added to the background to create space and atmosphere. The result is exhibited as a Cibachrome with robust colors: woodcutlike tableaus on which small, evolving stories are told that seem as naive as they do banally idealizing. Stories in which a "rational" continuity is scarcely every recognizable, in which, as in Jonathan Swift's *Gulliver's Travels,* "realistic" senses of scale are constantly ignored. Stories, finally, that seem to arise from a strange hybrid world of dream, art, and "real life."

For example, the first image of a twelve-part sequence: one woman is doing knee bends; another is kicking an abstract colored plane that is too thin to be a real wall. A third woman is self-confidently giving the thumbs up; she is standing in a "window," another monochromatic plane of color. A bending female figure and one carrying an ax are also present on the right side of the image. Also visible: a man holding two boards, one above the other, on the left side; another is standing in a crevice in the background that seems strangely military. Across this absurd social milieu, another woman is running, her hands clasped behind her back, looking inquisitively to the left.

These images are not (only) of this world.

2. Dreamlike?

Both adroitly and subtly Florian Merkel turns the subjects in *Kausaler Aufbruch,* which at first seem so realistic, into an "innerworld of the outerworld," freely adapted from Peter Handke. He manages this aesthetic twist, in which realism pays its way as surrealism and vice versa, not only thanks to his narrative style but also thanks to the interpenetration of media and styles he achieves, including photography, which once guaranteed objectivity; the artistic stroke of drawing; computer image manipulation; and planes of monochromatic color that ensure abstraction. Nothing remains of the documentary authenticity that Roland Barthes still attributed to photography in his theory of the "punctum".[1] But one also searches in vain here for the much extolled freedom and expressivity of an artist's creative handiwork. On both poles of possible representation Florian Merkel deliberately disappoints, and is able precisely by means of this "formalistic objectification" to introduce into his work an aspect that was discussed by Jacques Lacan but first comprehensively described and analyzed by Gilles Deleuze and Félix Guattari: namely, the aspect of desiring work of what Deleuze and Guattari call "desiring machines," which always structure our unconscious beyond any (Freudian) Oedipal imputations.[2]

3. "Dream On" (Aerosmith)

"As logically as a dream", in Florian Merkel's words, the narrative thread of *Kausaler Aufbruch* develops. To conclude my reflections, picking up again the narration of the first image as described above, this thread can be briefly suggested: In the second and third images a woman who previously had her hands clasped behind her back is running through a world parallel to the first environment, where the conditions of paradise reign, as nearly all the people are undressed. In the center of this world is a large, pale woman who in one of the next views moves into a new parallel universe, in which, among other things, she frees a woman from a proverbial burden. The psychedelic tour de force continues and then physical labor, among other things, is the focus of the vivid scenes. In these images connected by the logic of dreams there is, again and again, a man playing with an orange ball – as a leitmotiv this homo ludens provides the frame for the described sequence of world to world. A sequence that follows the principle of "coupling" – that is, the principle of additive docking that is also typical of the structure of desiring-machines and moves in a "linear" direction: "Desiring-machines are binary machines [. . .]: one machine is always coupled with another. The productive synthesis [. . .] is inherently connective in nature: 'and … ' 'and then . . .'" – as Deleuze and Guattari describe this additive arraying.[3]

Notes

1. See: Roland Barthes, *Camera Lucida: Reflections on Photography,* trans. Richard Howard (New York: Hill & Wang), 1981.
2. See: Gilles Deleuze and Félix Guattari, *Anti-Oedipus: Capitalism and Schizophrenia,* trans. Robert Hurley, Mark Seem, and Helen R. Lane (Minneapolis: Univ. of Minnesota Press), 1983.
3. For the last three quotations, see: Deleuze and Guattari, *Anti-Oedipus* (note 2), 5.

Kausaler Aufbruch, 2004, Computerzeichnungen, Ilfochrome hinter Plexiglas, Auflage 5 + 2 a.p.
Causal Beginning, 2004, computer drawings, Ilfochrome behind Plexiglas, edition of 5 + 2 a.p.

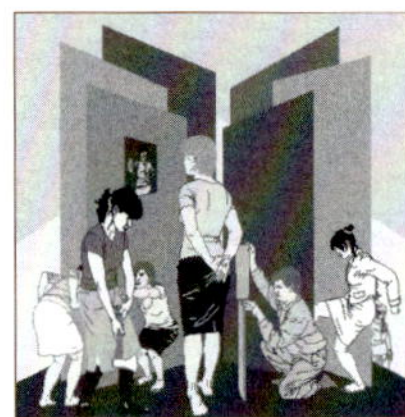

1) 125 x 125 cm

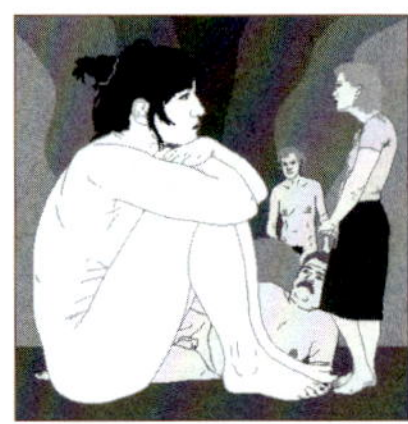

2) 75 x 75 cm

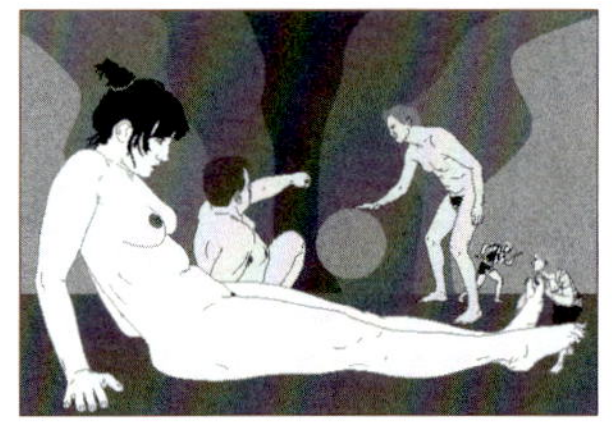

3) 50 x 65 cm

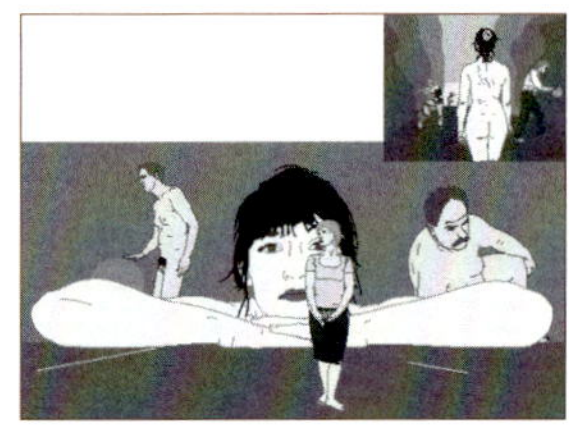

4) 50 x 65 cm / 100 x 200 cm

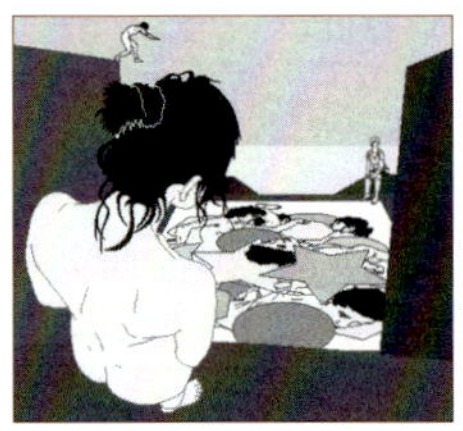

5) 85 x 95 cm

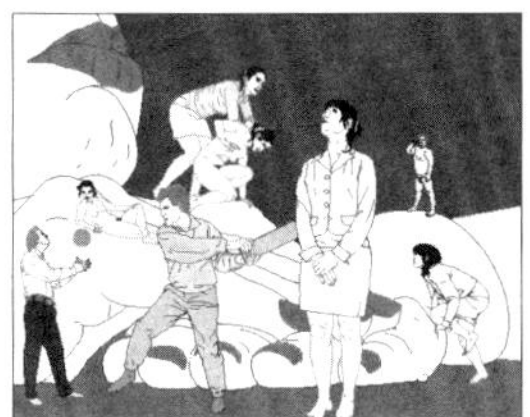

6) 100 x 130 cm

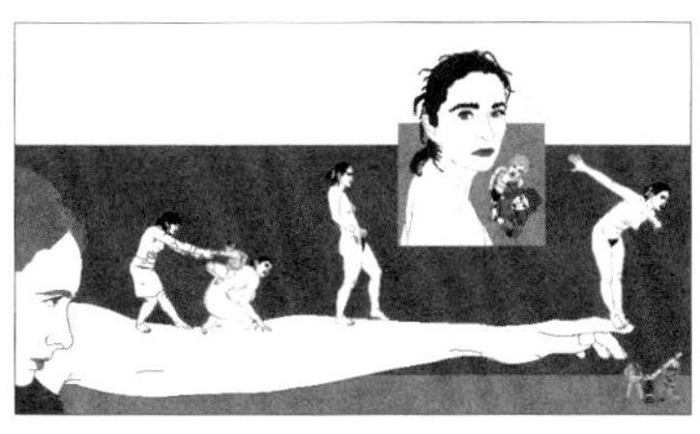

7) 60 x 40 cm / 75 x 190 cm

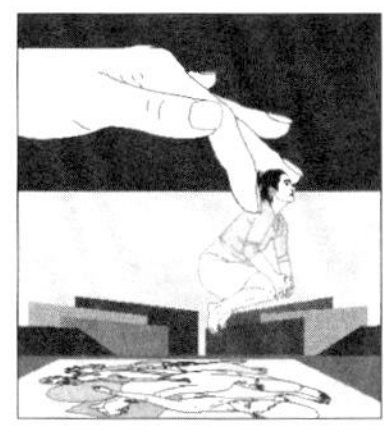

8) 55 x 50 cm

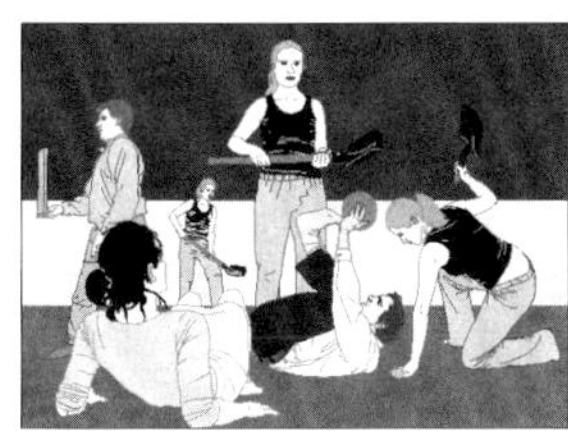

9) 90 x 125 cm

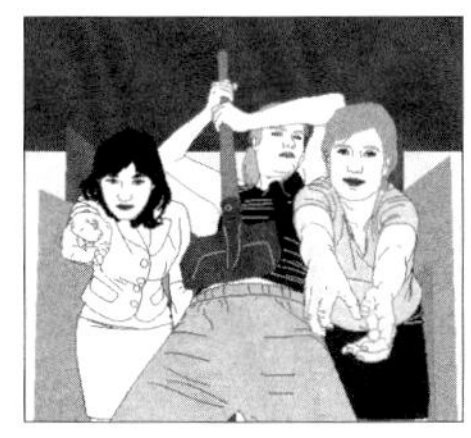

10) 85 x 95 cm

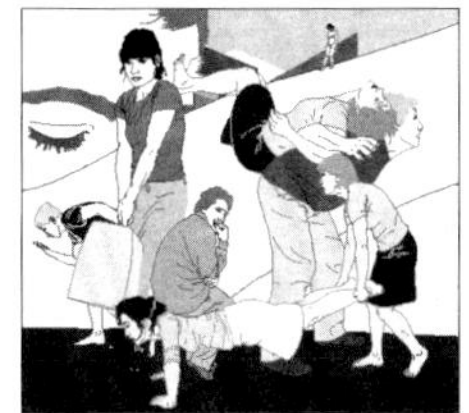

11) 85 x 95 cm

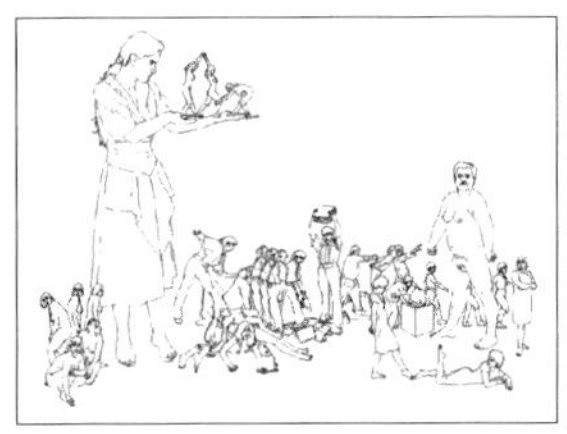

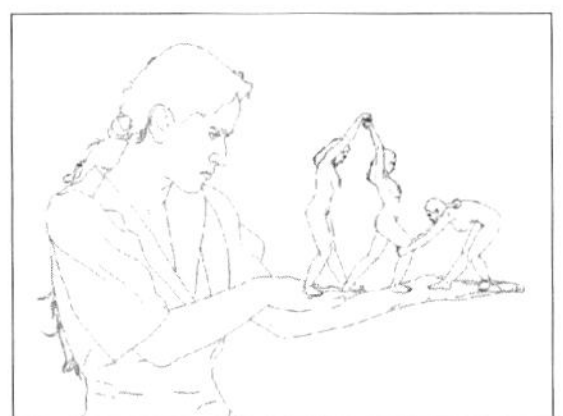

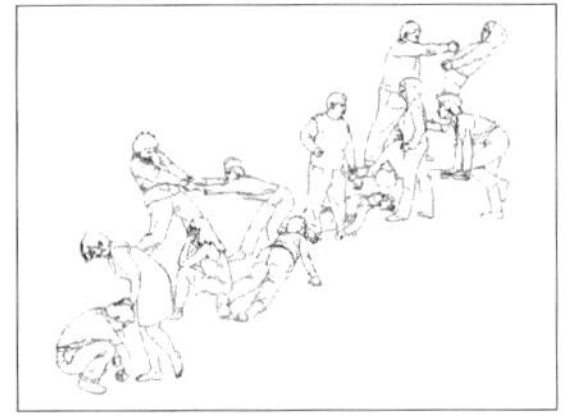

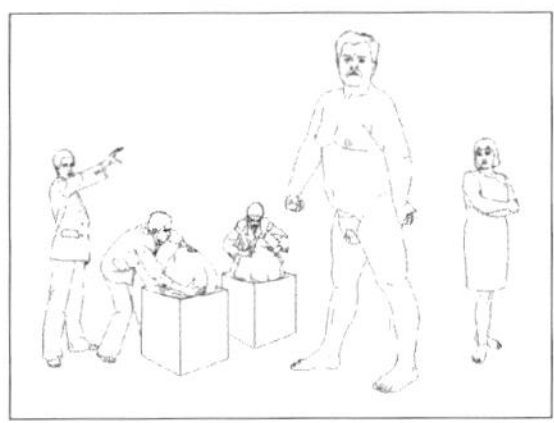

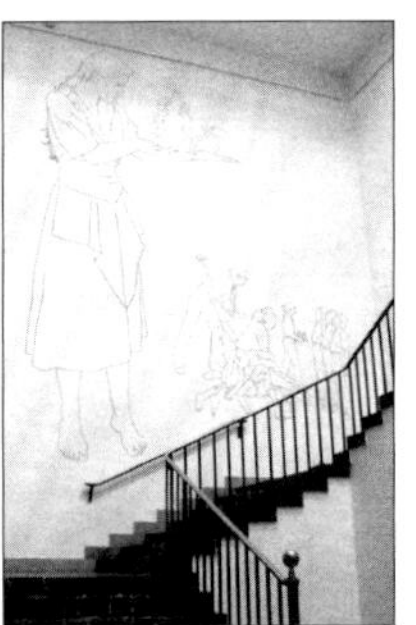

Macht und Schönheit, 2001/2002
Computerentwürfe und Wandzeichnung im Rahmen der
Ausstellung *Stories – Erzählstrukturen in der zeitgenös-
sischen Kunst,* Haus der Kunst, München

Power and Beauty, 2001–02, computer sketches and
wall drawings as part of the exhibition *Stories –
Erzählstrukturen in der zeitgenössischen Kunst,*
Haus der Kunst, Munich

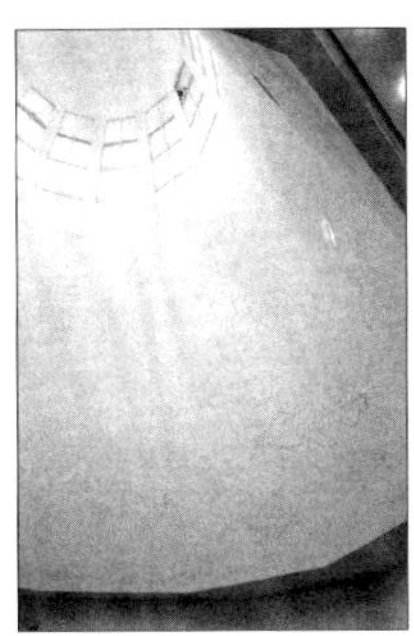

Soziale Anmut, 2002
Computerentwurf und Wandzeichnung für die
Austellung *Bodypower/Powerplay*,
Württembergischer Kunstverein Stuttgart

Social Elegance, 2002
computer sketch and wall drawing for the
exhibition *Bodypower/Powerplay*,
Württembergischer Kunstverein Stuttgart

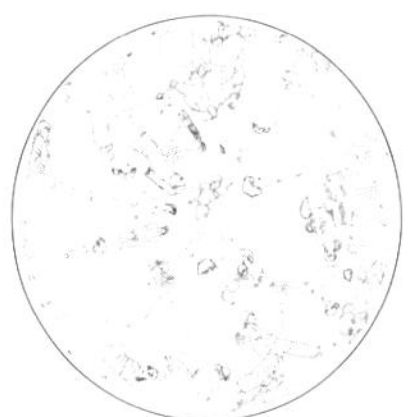

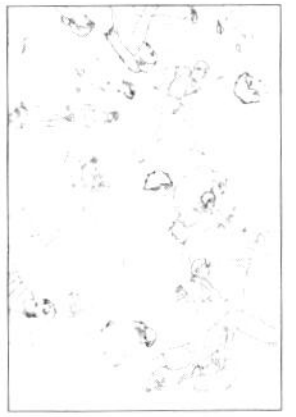

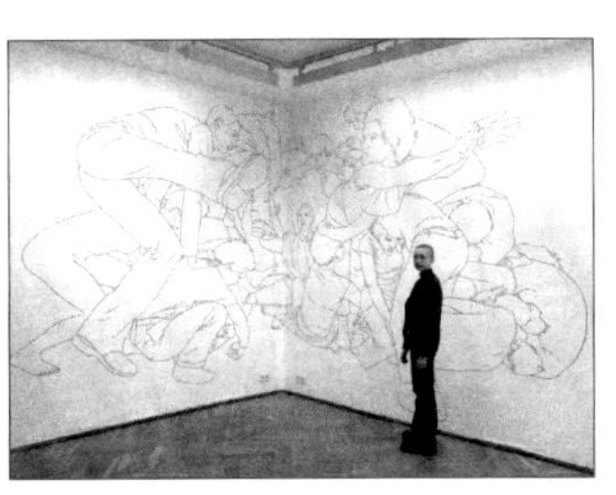

Identität – Suche und Erfüllung, 2002
Wandzeichnung für die Ausstellung *heimat.de*,
Kunsthaus Dresden

Identity: Search and Fulfillment, 2002
wall drawing for the exhibition *heimat.de*,
Kunsthaus Dresden

Florian Merkel
www.florianmerkel.de

1961   geboren in Karl-Marx-Stadt (Chemnitz)
1981–1986   Fotografikstudium an der Hochschule für Grafik und Buchkunst Leipzig
1986–1989   lebt und arbeitet in Karl-Marx-Stadt
1989–2001   lebt und arbeitet in Berlin
seit 2001   lebt und arbeitet in Hannover und Berlin

IMPRESSUM / ABOUT THIS PUBLICATION

Diese Publikation begleitet die Ausstellungen in der Druckerei Conrad, Berlin
und in der Wohnmaschine, Berlin 2004.
This publication accompanies the exhibitions at Druckerei Conrad, Berlin
and at Wohnmaschine, Berlin 2004.

Herausgeber/Editor	Florian Merkel & Wohnmaschine, Berlin
Redaktion/Editing	Katia Reich
Lektorat/Proof Reading	Silvia Jaklitsch, Anke Schlecht
Übersetzung/Translation	Brian Currid (German-English),
	Steven Lindberg (German-English)
Fotografie/Photography	Florian Merkel, Berlin
Schrift/Typeface	Akzidenz Grotesk
Papier/Paper	Schneidersöhne Samtoffset
Design	büro mahlke grafik, Berlin (www.mahlke-grafik.de)
Herstellung/Print and Binding	Druckerei Conrad GmbH, Freunde am Beruf, Berlin
Edition	1.000 Exemplare / Copies
	60 Exemplaren ist eine Edition des Künstlers beigelegt.
	60 Copies are accompanied by an edition of the artist.

Mit großzügiger Unterstützung der Druckerei Conrad.
Many thanks to financial supporters Druckerei Conrad.
© Nürnberg 2004, Verlag für moderne Kunst Nürnberg,
Florian Merkel und die Autoren/and the authors.

Alle Rechte vorbehalten / All rights reserved
Printed in Germany

ISBN 3-936711-43-7

Distributed outside Europe
D.A.P. / Distributed Art Publishers, Inc., New York
155 Sixth Avenue, 2nd Floor, New York, NY 10013
phone (212) 627 1999 fax (212) 627-9484

Bibliografische Information Der Deutschen Bibliothek
Die Deutsche Bibliothek verzeichnet diese Publikation in der Deutschen Nationalbibliografie;
detaillierte bibliografische Daten sind über http://dnb.ddb.de abrufbar.

Bibliographic Information published by Die Deutsche Bibliothek
Die Deutsche Bibliothek lists the publication in the Deutsche Nationalbibliografie;
detailed bibliographic data is available in the Internet at http://dnb.ddb.de.

Contact   www.florianmerkel.de

                            Wohnmaschine
                            Tucholskystrasse 35
                            10117 Berlin
                            Germany
                            ++ 49 +30 3087 20 15
                            ++ 49 +30 3087 20 16
                            info@wohnmaschine.de
                            www.wohnmaschine.de

Dank an/Acknowledgements

Barbara B., Boris and Vita, Marcel D'Apuzzo and the other assistents, Marlen Ebert, Matthias Fuhrmann,
Danny Hänsel, Martin Hast, Andrea Jahn, Uli Kubiak, Frau Grupp and Frau Kugler von den Regerstudios,
Harald Kunde, Jochen Mahlke, Conrad und Christa Merkel, Kamilla Nowicki, Walter Oswalt, Olav Raschke
and Kuraredesign, Stephanie Rosenthal, Raimar Stange, Paula Svobodova, Tobias Wall and to the models
Synke, Rebecca, Christine, Ute, Stephan, Wilfried, Andreas, Sylvia, Petra, Antje, Katharina, Simone,
Nancy, Julia, Ines, Zino, Adriana, Steffen, Eleonora